99 × MALLORCA

wie Sie es noch nicht kennen

Tiny von Wedel

BRUCKMANN

Inhalt

Der Westen

Der Norden

Der Osten

Die Inselmitte

Vorwort

Dies ist das »little black book«, das Adressbuch für ein Mallorca, wie es die meisten noch nicht kennen. Für die angesagtesten Inseladressen, die Klassiker der Einheimischen und die versteckten Geheimtipps.

Die bloße Größe dieser Baleareninsel sorgt bereits für eine unendliche Vielfalt. Entsprechend der Himmelsrichtungen vermittelt jeder Teil das Gefühl einer eigenen Welt: Kosmopolitische Metropole auf der einen Seite, unberührtes Inselparadies auf der anderen.

So unterschiedlich wie die Landschaften sind auch die Aktivitäten, Sehenswürdigkeiten und die Inseltemperamente der dort lebenden Bevölkerung. Sogar die Residenten aus dem Norden unterscheiden sich von denen des Südens, und Feriengäste aus dem fast schon an die Toskana erinnernden Osten sind anders als die eingeschworenen Fans der westlichen Andratx-Ecke.

Hier treffen Segler auf Extremkletterer, Hochseeangler auf Wanderer und Golfbegeisterte auf Surfer und deren entspannten Lebensstil. Hier finden sich hochklassige Yachthäfen mit den dazugehörigen Gourmet-Restaurants ebenso wie Designhotels und ländliche Rückzugsoasen am gefühlten Ende der Welt.

Dieses Buch gewährt Einblicke in die Vielfalt und Schönheit Mallorcas und in die Lebensweise und Schrullen seiner heutigen Bewohner. Gleichzeitig bietet es aber auch eine Reise in die Geschichte dieser Römer-, Mauren- und Pirateninsel: von Urzeit-Hippies über alte Adelsfamilien und Insellegenden, vorbei an Wunschbäumen, unterirdischen Geheimgängen und wertvollen Juwelen bis hin zu vergessenen Piratenschätzen.

Entdecken Sie auf Ihren Inselpfaden Verwunschenes, Überraschendes, Unterhaltsames und Paradiesisches und brechen Sie auf zu Ihrer eigenen Mallorca Entdeckungstour.

Viel Spaß wünscht Ihnen,

Ihre Tiny von Wedel

Hotel Portixol – traumhaftes Ambiente

Das »Hotel Portixol« war einer der ersten Vorboten, der den verschlafenen – von Palma aus vorgelagerten – kleinen Fischerhafen Portixol aus dem Dornröschenschlaf erweckte. Mit dem zur Entspannung einladenden Bar- und Lounge-Bereich und dem Chillout-Ambiente fühlt man sich wie am »Venice Beach« von Palma de Mallorca.

Egal, ob man an der immer gut gefüllten Bar steht, neben Michael Douglas einen Fidel (Rum Cuba 8 Años, Limetten, Ginger Ale) trinkt, auf der Terrasse sitzt, den Blick über das Meer, den Pool und die Fischerboote schweifen lässt oder von seinem Zimmer aus den Panoramablick über die Bucht von Palma bis hin zur Altstadt genießt: Dieses Hotel ist ein Ort mit einer ganz speziellen Atmosphäre.

Das unter schwedischer Führung stehende Haus ist seit Anbeginn der Treffpunkt für ein internationales Publikum. Das obligatorische Club Sandwich von der Barkarte ist ebenso vorzüglich wie das selbstgebackene Brot mit hausgemachter Tapenade (Olivenpaste) oder der immer fangfrische Fisch. Das sympathische Personal aller Nationalitäten ist zum Teil von Anfang an dabei.

▶ **Vor dem Besuch unbedingt einen Spaziergang auf der Strandpromenade einplanen.**

Die täglich aktuellen Tageszeitungen *Daily Telegraph*, *International Herald Tribune*, *FAZ* und Co. sowie das Boutique-Interior-Design geben einem das Gefühl, am Mittelmeer »on top of the world« zu sein. Irgendeine Filmcrew sitzt immer in der Lobby vor dem großen Aquarium und von den dahinter liegenden Herrenwaschräumen kann man tatsächlich durch das Wasser des Aquariums in die Halle sehen. Nur eines der vielen Details dieses detailverliebten und gastfreundlichen Platzes.

Die Hauptstadtnähe ist ein weiterer Pluspunkt. Palmas Altstadt erreicht man in einem 15-minütigen Spaziergang am Meer entlang und die Flughafennähe von etwa zehn Minuten Fahrt hat es fast schon zur Tradition werden lassen, bei Ankunft und Abflug zumindest einen Drink auf der Terrasse zu nehmen. Mediterran-urbaner geht es nicht.

Portixol Hotel Y Restaurante · Calle Sirena, 27 · 07006 Palma de Mallorca
Tel. +34 971/27 18 00 · www.portixol.com

Ein Beachclub mit Liebe zum Design

Der urbane Strandclub »Anima Beach« an Palmas Stadtstrand Can Pere Antoni schräg gegenüber des alten Gesa-Gebäudes an der Küstenstraße nach Portixol bietet eine einzigartige Kulisse mit Blick auf die Kathedrale von Palma und das offene Meer. Bei Architektur und Einrichtung wurde besondere Liebe ins Detail gelegt.

Das besondere Ambiente verdankt der Platz auch den Möbeln, die zum Teil nach eigenen Entwürfen speziell designt wurden. Die weiß-grüne und weiß-rote Bestuhlung des Barbereichs erinnert zum Beispiel ein bisschen an die mallorquinischen Siurells, die inseltypischen kleinen Tonfiguren, die auf der Insel überall zu finden sind. Hier kann man den Tag hervorragend verbringen.

Die große Meerterrasse lädt mit balinesischen Betten und Liegen und den »Signature«-Sonnenschirmen mit weißen Bändern zum Entspannen ein. Zwei speziell entworfene Kingsize-Cabrio-Betten mit abnehmbarem Dach sind zu zweit oder zu dritt zu bevölkern.

Vierzehn Palmen wurden neu gepflanzt und große Sonnensegel überspannen den Restaurantbereich. Mittag- und Abendessen überzeugen mit einer frischen und kreativen Küche: italienisch, spanisch/baskisch und asiatisch, von Tapas bis Paella, vom leichten Strand-Snack bis Pasta, von Hummersalat bis Foie gras.

Das Restaurant und der Club, vom sympathischen Gastroprofi Marco di Loreto zu neuem Leben erweckt, ist ein Treffpunkt für Insulaner und Besucher geworden. Die Besucher und Stammgäste wissen den Service, die stadtnahe Lage und die kulinarische Qualität zu schätzen.

Und es gibt sogar einige ältere Mallorquinerinnen, die »ihren« neuen Strandclub regelmäßig mit einem »Sundowner Gin-and-Tonic« feiern. Sie sitzen dann auf ihren Lieblings-Siurell-Stühlen an der Bar und sind glücklich darüber, dass es endlich auch in Palma einen Beachclub mit Stil gibt. Da ist es dann auch manchmal ganz praktisch, dass sich ein Taxistand direkt vor dem Club befindet.

Anima Beach Club Palma · Tgl. 10.30–1.30 Uhr · Autovia del Levante, s/n · Playa de San Antoni
07006 Palma de Mallorca Tel. +34 971/59 55 91 · www.animabeachpalma.com

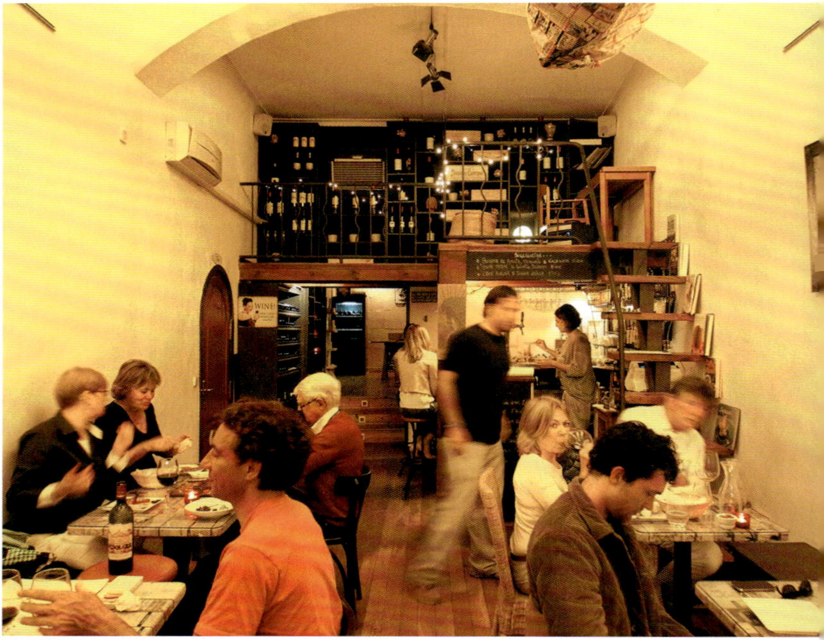

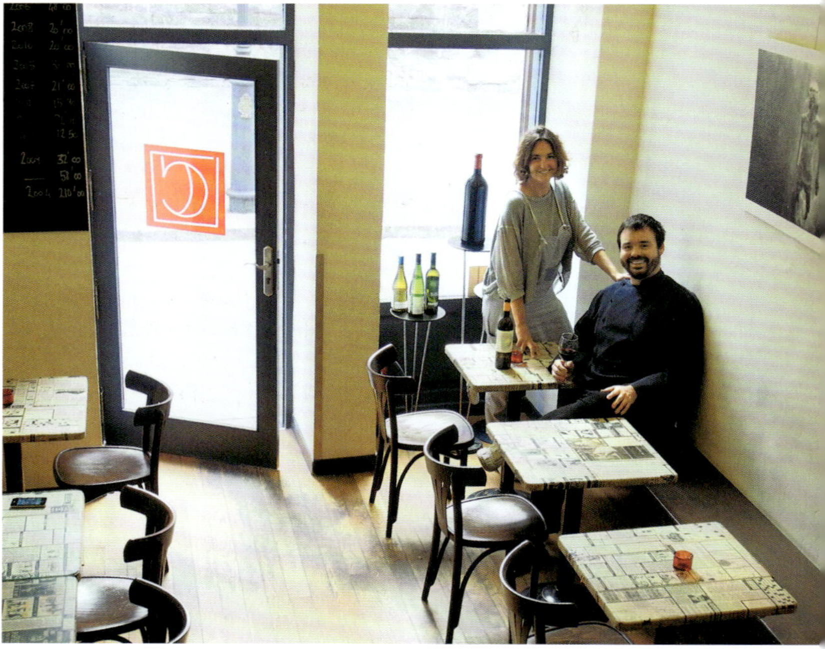

Eine Paradies für Weinfreunde

Im Altstadt-Zentrum von Palma liegt diese exzellente Weinbar mit Restaurant. Das Hausmotto »Genießen und Zeit mit Freunden verbringen« wird hier ernst genommen, wie das alte Werbeschild im Inneren gleich erkennen lässt: »Wine! How classy people get wasted« steht da über einer verführerisch dem Gast zuprostenden rassigen Schönen.

Und um das Glas zu erheben, gibt es hier eine ebenso ernst zu nehmende Auswahl von mehr als 80 Weinen. Die Inhaber Fabian Fuster und Irene Rigo, seine Partnerin, sind so freundlich und charmant wie die Atmosphäre und die Gäste. Man sollte den Weinempfehlungen der Inhaber vertrauensvoll folgen, damit liegt man immer richtig, und außerdem kann man alle angebotenen Weine auch probieren.

Das Essen ist fantastisch und die innovative Küche wechselt immer wieder neu je nach Marktangebot. Es werden weitestgehend ökologisch angebaute Produkte verwendet und die Karte reicht vom Straußensteak, über Tataki vom Thunfisch, von Burrata mit Basilikumöl bis hin zu Mini-Hamburgern. Der Endiviensalat mit einer Stiltonkäse-Sauce ist ein Gedicht und das Ceviche eines der besten, das man außerhalb Mexicos oder Perus essen kann. Die Dessertkarte ist ein Traumland für sich und besonders zu den Rotweinen ein Genuss.

Es gibt außerdem ein Gourmet-Geschäft mit ausgesuchten Produkten der Region: Marmeladen, Salze, Öle, Sobrassadas (Paprikawurst) und natürlich eine erstklassige Weinauswahl.

Wechselnde Ausstellungen von Fotografen an den Wänden ergänzen die gelungene Stimmung der Räume. Die britisch-schweizerische Mutter von Fabian ist eine bekannte Fotografin und so ist auch das Publikum immer eine interessante Melange aus Bohemiens, mallorquinischen Nachbarn und Inselbesuchern.

Ob als mittägliche Pause zwischen den Einkäufen in Palmas Shopping-District oder zum stimmungsvollen Abendessen: Eine Oase in der Stadt, um stilvoll verloren zu gehen.

Canela Wine Bar Boutique · Carrer de Sant Jaume, 13 · 07012 Palma de Mallorca
Tel. +34 971/71 03 14 · www.cometemallorca.com/canela-wine-bar-boutique

Patrón Lunares – Liebling der Einwohner

Früher Seniorentreff ist der »Patrón Lunares« heute In-Treff und neues Kultrestaurant in Palmas szenigem Viertel Santa Catalina. Stilvoll, leger, gemütlich, weitläufig und originell mit einmaligem Ambiente und außergewöhnlicher Inneneinrichtung ist es das neue Restaurant-Highlight der Inselhauptstadt.

Der ehemalige Seniorentreff des Catalina-Viertels ist heute Bar und gastronomische Galerie zugleich und Treffpunkt für alle Altersklassen. Die Gäste sind vorrangig Spanier, aber an den Nebentischen sitzen auch Deutsche, Engländer und Skandinavier, die den Empfehlungen gefolgt sind.

Der Mitbesitzer Javier Bonet begann bereits mit 16 als Kellner zu arbeiten, war unter anderem auch in Deutschland beim Sternekoch Heinz Winkler in der Ausbildung. Heute ist er ein erfolgreicher Unternehmer. Mit einigen Partnern hat er nun als Hommage an seinen Großvater, einem Fischer aus dem Viertel, das Restaurant »Patrón Lunares« (Kapitän Leberfleck) eröffnet, das den Spitznamen seines Großvaters trägt.

Die außergewöhnliche Einrichtung verbindet alte Bauelemente – wie die Eisensäulen, die noch aus einer Fabrik des Viertels stammen – mit maritimen Flohmarktfunden und einem Holzglobus aus Familienbesitz. Die acht lebensgroßen Portraits vom Maler Joan Chito, die mannshoch die Wände schmücken, zeigen zwei von Javier Bonets Partnern und deren Großväter, den Künstler Bonet, den Patrón Lunares und seinen Vater. Letzterer ist mit einem Kaninchen und einer Languste im Arm dargestellt, die künstlerische Interpretation der Liebe zu einer Metzgerin vom Santa-Catalina-Markt, der Mutter Bonets.

Das Interior verbindet Altes mit Neuem, Tradition mit Innovation. Genau wie die hervorragende Küche, die sowohl spanische als auch südamerikanische Elemente beinhaltet. Die Guacamole mit Nachos wird am Tisch im großen Mörser selber zubereitet und die »Kalmar-Rakete« sind frittierte Kalmarringe auf einem raketenartigem Gestell. Und darauf mit dem »Daiquiri Patron« einen Toast auf den Namensgeber!

Patrón Lunares Cantina · Tgl. 7–24 Uhr (Öffnungszeiten variieren saisonal) · Calle Fábrica 30 Palma de Mallorca · Tel. +34 971/57 71 54 · www.patronlunares.com

Geschmacksreisen durch verschiedene Esskulturen

Das kleine italienische Restaurant im Herzen des Viertels Santa Catalina ist einer der beliebtesten Anlaufpunkte für ein originelles Publikum und immer gepackt voll. Bei »Bunker's« gibt es keine feste Karte, alles wird ganz nach Tagesangebot immer frisch zubereitet.

Die Küche bietet »fusion at its best«: Italienisch, Spanisch, Thai, Japanisch, Indisch – eine innovative Mischung, die hervorragend funktioniert und fantastische Geschmacksreisen garantiert. Die authentisch italienischen Gerichte werden vom Besitzer Luigi täglich neu kreiert und vom freundlichen Team an den Gast gebracht.

Die Atmosphäre ist nachbarschaftlich familiär und aufgrund der kleinen Größe sehr entspannt, gemütlich und kommunikativ. Abends sollte man unbedingt vorbestellen, um einen der wenigen Einzeltische zu bekommen oder um sich einen Platz an den langen Tafeln zu sichern. Auch tagsüber beugt eine Bestellung etwaigen Wartezeiten vor.

Die Gäste sind ein buntes Durcheinander von Einheimischen, Geschäftsleuten und jungen Künstlern. Bei den Insel-Bohemiens ist das Lokal besonders beliebt und man merkt schon beim Reinkommen, dass viele sich kennen. Es wird laut geredet und gelacht und das Brot an den Nachbartisch weitergegeben. Und die Vorspeise auch. Es wollen einfach alle hier essen und es fühlt sich ein bisschen an, wie in einem großen italienischem Zuhause. Wenn man dem Koch in der Küche beim Zubereiten der Gerichte zusehen kann und dazu bei angenehmer Musik einen der sehr guten Weine trinkt, dann wird die große Fangemeinde unter Einheimischen, Residenten und internationalen Besuchern schnell verständlich.

Die Nähe zum Markt von Santa Catalina sichert auch die immer frischen Zutaten aus aller Welt und man kann Luigi während der frühen Morgenstunden in den Markthallen beim Einkauf und Probieren beobachten, bevor er sich in seinem Lokal wieder an die Arbeit macht.

Bunker's · Calle Soler/ Ecker Calle Pursiana · 07013 Palma de Mallorca · Tel. +34 971/22 05 04
www.facebook.com/BunkerPalma

Yoga-Kurse
am Mittelmeer

Diese Oase der Entspannung wurde 2009 von passionierten Yogis gegründet. Das Studio »Earth Yoga« hat selbst eine besonders harmonisch-sympathische Atmosphäre. Die internationalen Lehrer lächeln genauso seelenvoll wie die Schüler, die die Kurse verlassen. Hier wird mit ruhiger Hingabe Yoga für alle Niveaus praktiziert und unterrichtet.

»Earth Yoga« ist ein beliebter Treffpunkt für Yoga- und Meditationsinteressierte. Hier kommt man mit anderen, ebenso der Yogawelt zugewandten Seelen und verwandten Geistern zusammen und tauscht sich über die neuesten Tipps für Meditation und die eigene Yogapraxis aus. Der Schwerpunkt wird bei »Earth Yoga« auf *Alignment*, auf die sorgfältige Ausrichtung und das Gleichgewicht bei den Übungen, gelegt, nicht auf Akrobatik und Dehnungen auf Höchstleistungssport-Niveau.

▶ **Im Studio Shop gibt es handgemachte »Wunschkapseln« von Natalia Jana Jewelry, die ein persönliches Mantra enthalten und um Hals oder Hangelenk getragen Glück und Wunscherfüllung bringen sollen.**

Sandra, die Mitbegründerin des Yogastudios, praktiziert seit 1999 Yoga, begonnen hat sie in New York. Wer die Möglichkeit hat, sollte unbedingt in einen ihrer Kurse gehen. Denn wer einen ihrer inspirierenden Kurse mitmacht, hat gleich das Gefühl, ein positiver und motivierender Funke springt auch auf alle Teilnehmer über. Sandra unterrichtet hauptsächlich Vinyasa Flow, eine dynamische Form von Yoga, die Bewegung und Atmung synchronisiert und eine Mischung aus Iyengar, Ashtanga und Pranayama ist.

»Earth Yoga« ist ein Ort, an dem sich Yoga-Interessierte treffen und vernetzen können. Die verschiedenen Kurse sind immer ein lebhaftes und entspanntes Zusammentreffen von verschiedensten Altersgruppen, Typologien und Nationalitäten. Am Anfang jedes Kurses wird dann auch über die Unterrichtssprache abgestimmt, aber mit den fabelhaften Kursleitern, die all ihre Schüler im Blick und im »Alignment« haben, ist auch die keine Hürde.

Earth Yoga · Carrer de Sant Magi, 81A · Santa Catalina · 07013 Palma de Mallorca
Tel. +34 971/91 88 40 · www.earthyoga.es

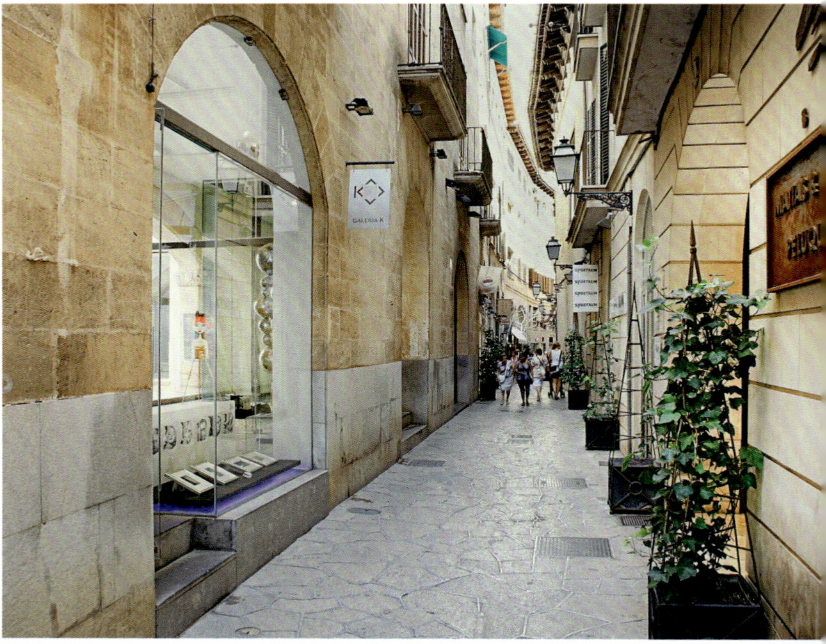
GALERIA K

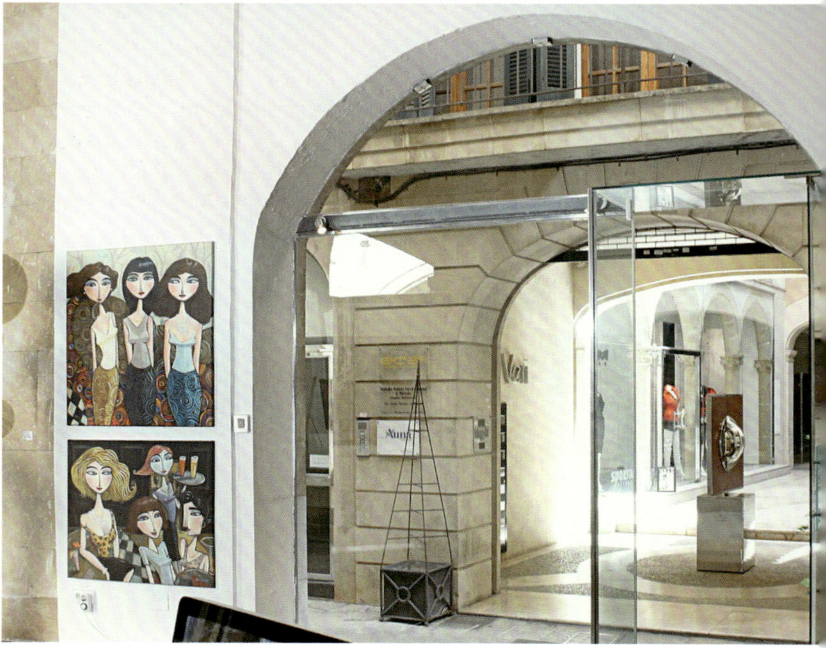

New Pop Realism und Hyperrealismus auf Mallorca

Die Galeria K ist eine neue, junge und erfrischende Galerie für zeitgenössische Kunst mit Schwerpunkt Pop Art im Herzen von Palma, in der »Galerienstraße« Palmas, der Calle Can Verí. Hier findet man inspirierende Bilder und moderne Fotocollagen von Hollywoodstars in ungewohnten Posen.

Großformatige, beeindruckende Portraits von Clint Eastwood, Keith Richards & Co., im fotorealistischem Stil gemalt, hängen plakativ in der Ausstellung. Es sind Werke des mit den Rolling Stones befreundeten Ausnahmekünstlers Sebastian Krüger. Und wenn ein überlebensgroßer Clint Eastwood – wenn auch schon ein wenig ergraut – mit Daumen- und Zeigefinger auf den Betrachter zielt, kann sich dieser der Wirkung nicht entziehen. Schwarzweiß-Fotografien von Filmlegenden, Objekte und Skulpturen von internationalen Künstlern ziehen einen schon von draußen in diese bunte, faszinierende Kunstwelt.

Die Galeria K entstand als Partnergalerie der deutschen Galerie Kaschenbach, die seit 1950 in Trier ansässig ist, und wurde in Palma de Mallorca vom Urenkel Daniel Marx – Familiengalerist der vierten Generation – als Insel-Dependance eröffnet. Es gibt hier immer Neues zu entdecken aus dem New Pop Realism, dem Hyperrealismus und der Fotografie.

Cary Grant, Audrey Heburn, Steve McQueen und Romy Schneider, New Yorker Straßenschluchten, liegende Elefanten und ein Zebra im urbanen Großstadtdschungel – in der Welt der Kunst existiert Rock'n'Roll einträchtig neben Glamour und Graffiti. Zu finden sind Originale, Art-Prints, Zeichnungen, Bronzeskulpturen sowie kleinere Objekte, und vom sympathischen jungen Galeristen Daniel Marx gibt es immer fundierte und engagierte Informationen zu allen Werken und den ausgestellten Künstlern wie James Rizzi, Axel Crieger, Romero Britto, Pablo Costa und dem genialen Markus Rösner. Bei seinen superrealen Werken wartet man nur darauf, das Big Jim gleich von der Leinwand in die Galerie springt. Und das nennt man dann Hyperrealismus.

Galeria K · Mo–Fr 10.30–14.30 Uhr, 17–20 Uhr, Sa 10.30–14 Uhr · Calle Can Verí, 10 07001 Palma de Mallorca · Tel. +34 680/20 72 07 · www.galeria-k.com

Mode, Schmuck und Kunst wie in Paris

In der Einkaufsstraße Carrer de Sant Feliu am Paseo del Borne in Palma findet sich der abwechslungsreichste, ästhetisch anspruchsvollste und internationalste Lifestyle und Concept Store »Rialto Living«. Auf über 800 Quadratmetern bietet er eine exquisite Auswahl an Einrichtung, Büchern, Düften, Schmuck, Mode und Design.

Die Liebe und Sorgfalt, die die skandinavischen Eigentümer Klas Kall (ehemaliger Designer und Mitbegründer des Modelabels GANT) und seine Partnerin Barbara Bergmann bei der Auswahl des Sortiments und der Gestaltung des Ladens an den Tag gelegt haben, ist schon beim Betreten des Geschäfts erlebbar. Hier kann man Mode bekannter und auch weniger bekannter In-Designer probieren – unter anderem von Jil Sander, Michael Kors, Acne – die allerneuesten Coffee Table Books mit Kunst, Lifestyle und Interieurs durchblättern und Neues aus den Bereichen Design und Kunst entdecken.

Etwas versteckt, oberhalb auf einer Galerie, gibt es außerdem Sonderverkäufe von sensationell günstiger Markenkleidung. Der Insidertipp der Society-Ladies der Stadt. Man findet hier immer genau die Teile einer exklusiven Kollektion und die Marken des Luxussegments, die man anderswo nicht findet. Allein die Parfüm- und Duftabteilung ist einen Besuch wert und erspart die Reise in die Metropolen dieser Welt. Die Auswahl ist die eines Concept Stores in Paris, London oder New York – nur privater. Besonderen Charme und Charakter gewinnt er darüber hinaus durch den Altstadtcharakter Palmas und die historische Sandsteinarchitektur des Gebäudes aus dem 15. Jahrhundert.

In dem kleinen Café im hinteren Teil des Geschäfts kann man zu entspannter Lounge-Musik einen Kaffee trinken oder ein leichtes hervorragendes Lunch genießen. Der Service ist immer ganz besonders freundlich und hilfsbereit. Aber der eigentliche Herrscher dieser Stil- und Geschmackshallen, der Hausherr des Ganzen, ist Morris, ein recht souveräner Jack Russel Terrier, der außer mit Möpsen, kein Problem auf der Welt zu haben scheint.

Rialto Living Palma · Mo–Sa 10–20.30 Uhr · Carrer de Sant Feliu, 3C · 07012 Palma de Mallorca
Tel. +34 971/71 33 31 · www.rialtoliving.com

Schmuck, Uhren und Preziosen von B&P

Der exklusive Insel-Juwelier Relojería Alemana, seit über 130 Jahren eine Institution in dritter Generation und eines der ältesten Geschäfte in Palma, hat eine eigene Schmuck-Kollektion der beiden Töchter herausgebracht. Die Kollektion des attraktiven Fuster-Duos Paula und Blanca heißt dann auch kurz und konsequent B&P.

In der wunderbaren, gediegenen Atmosphäre des Stammgeschäfts in der Calle Colom, empfängt einen erst ein äußerst freundlicher Sicherheits-Türsteher, dem das Türöffnen stets eine Freude zu sein scheint, und dann der immer ausgesucht freundliche Service des Hauses. Und wenn ein altes Erbstück-Feuerzeug nur einen neuen Feuerstein und eine fachmännische Reinigung braucht, dann wird das selbstverständlich ebenso prompt und zuvorkommend in der hauseigenen Werkstatt und mit Kompliment des Hauses erledigt wie die Anfragen nach den Preziosen in den reich bestückten Auslagen professionell beantwortet werden.

Der ehemalige kinderlose Gründer Wilhelm »Guillermo« Krug, der das Geschäft vor gut 130 Jahren eröffnete und ihm seinen Namen »Deutsches Uhrengeschäft« gab, vererbte den Laden seinem langjährigen Mitarbeiter und Sohn-Ersatz Pablo Fuster. Heute leiten die Urenkel das Unternehmen: Blanca, Paula, und Pablo Fuster Junior. Und auch hier wird mit Stolz die Tradition des Hauses weitergeführt, in dem der Kunde König ist. Und umgekehrt: Auch der König, ein zufriedener und treuer Uhrenkunde des Hauses, hat seine Glückwünsche an die Familie in der Festschrift zum 125-jährigem Bestehen des Unternehmens ausgedrückt.

So geht die sympathische Folgegeneration in die Zukunft mit dem Label B&P. Die beiden Schmuckdesignerinnen haben bei ihren Entwürfen vor allem an moderne junge Frauen gedacht. Ihre Kollektion sticht erfrischend aus dem Meer anderer großer Häuser heraus: Entstanden ist dabei erlesener und individueller Schmuck aus Rauchtopasen, Opalen, Peridot, Perlen und Gold, für alle, die schon genug Uhren haben.

In einer Welt
aus Körben

Die Korbflechterei Mimbreria Vidal in einer der ruhigen Seitenstraßen der großen Einkaufsstraße Calle Colón in Palmas Altstadtkern ist eine der ältesten der Insel. Das übervolle Geschäft mit dem altmodischen Ladenschild über der Tür ist stolzer Bewahrer einer uralten Inseltradition: der Korbflechterei.

Der Laden ist schon von weitem in der ansonsten eher geschäftslosen Wohngegend an den in Trauben hängenden Körben, Taschen und Fußmatten vor der Tür zu erkennen. Die vor dem Geschäft ausgestellten und sehr beliebten handgefertigten Körbe und Taschen – jeder Inselhaushalt besitzt unzählige Mengen davon – sind nur ein kleiner Teil des unglaublichen Warensortiments im Innern des Ladens: eine Welt aus Korb und Algen, aus Sisal und Rattan und allem, was sich sonst noch an Naturfasern flechten und in Form biegen lässt.

Es gibt Hängematten, Fensterrollos, Hüte, Stühle, Schalen, Fächer, Vogelhäuschen, Teppiche und einen originalen Emanuel-Stuhl in Miniaturformat. Und dann gibt es noch Körbe, Körbe und Körbe in allen erdenklichen Größen, Formen und auch Farben.

Der Besitzer und sein Sohn sind fast immer anwesend und zuweilen übernimmt auch die Großmutter den kleinen Ladentresen. Aber meistens sitzt sie auf einem alten Korbstuhl in den Auslagen des Geschäfts und döst oder schläft zufrieden vor sich hin. Da man das aber nicht so genau erkennen kann, überlassen Vater und Sohn ihr schon mal die Ladenbühne, um sich von dem ohnehin nicht gerade tumultartigem Verkaufsgeschehen zu erholen und sich entspannt in die hinteren Ladenräume zurückzuziehen. Bei Nachfragen erscheint zumindest immer jemand aus den hinteren Räumen oder die alte Dame wacht schließlich doch wieder auf.

Ein besonderer Geheimtipp des Ladens sind die naturgemäß ebenfalls geflochtenen und übergroßen Robinson-Crusoe-Strandhüte, mit denen man für ein paar Euro Furore auf jedem Laufsteg und ganz sicher an jedem Inselstrand machen kann.

Mercat de l'Olivar – ein Markt für die Sinne

Der Traditionsmarkt am Plaza Olivar bietet Erlebniseinkauf für alle Sinne und ist ein beliebter Treffpunkt von Einheimischen und Urlaubern gleichermaßen. Nicht nur Einkaufen, sondern auch Essen und sich mit Freunden treffen kann man hier. Die verschiedenen Tapas-Stände machen den Markt zu einem angesagten Treffpunkt und Gastro-Erlebnis.

Besonders die Fischhalle ist einmalig in der Vielfalt ihres Angebots und die Atmosphäre dieses mallorquinischen Fisch-Laufstegs sollte man erlebt haben. Gambas, Drachenfische und Sardinen zum Mitnehmen, und die Austern zum hier Essen. Alles was das Mittelmeer zu bieten hat, reiht sich appetitlich aneinander. An zwei fast schon eleganten Ständen kann man wunderbar zwischen den Einkäufen seine Austern essen und dazu ein Glas Champagner trinken oder einen ausgezeichneten eisgekühlten Alberiño (spanischer Weißwein) bestellen.

Vor allem freitags und samstags trifft man sich hier, um beim bunten spanischen Treiben mittendrin zu sein. Es gibt außerdem hervorragende Sushi-Stände, von denen »Yosushi«, der vom Deutschen Sternekoch Thomas Wilden betrieben wird, wohl der beliebteste ist. Er hat gegenüber auch noch einen Lachsstand namens »Pink Salmon«, naturgemäß ganz in Pink. Für viele Besucher ist die »Peix Bar«, die alteingesessene Tapas-Bar mit Fisch- und Meeresfrüchtespezialitäten, aber immer noch die wichtigste Anlaufstelle. Dort steht José Manuel Gómez schon seit 22 Jahren hinter der Theke und verkauft kleine frittierte Fischchen, Kalmare, Muscheln in Soße oder auch *frito de marisco*. Bei »Nou 9« gibt es eine Auswahl an warmen Gerichten.

Zurück in der Haupthalle kann man bei »Especias Crespí« und »Los Sabores del Mundo« so ziemlich alle Gewürze dieser Welt kaufen und wer es traditionell spanisch mag, folgt dem Duft der goldgelben Hühnchen und Kaninchen zur »Bar Paco«, wo sich seit 1952 die Spieße drehen und wo noch geklingelt wird, wenn jemand Trinkgeld gibt – auch eine alte spanische Tradition.

Mercat de l'Olivar · Mo–Sa 7–14.30 Uhr (Bars und Gastro-Stände ein wenig länger)
Plaça de l'Olivar, 4 · 07002 Palma de Mallorca · Tel. +34 971/72 03 14

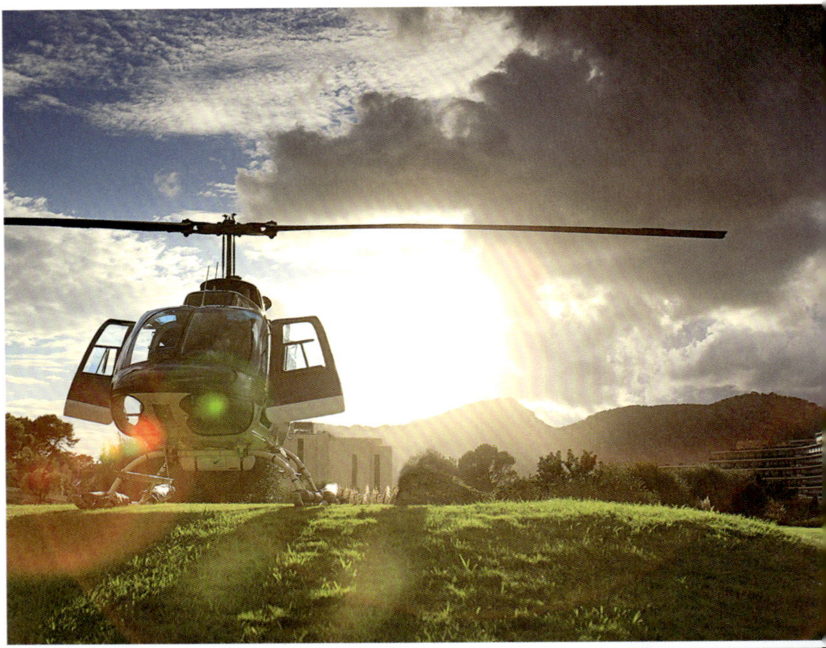

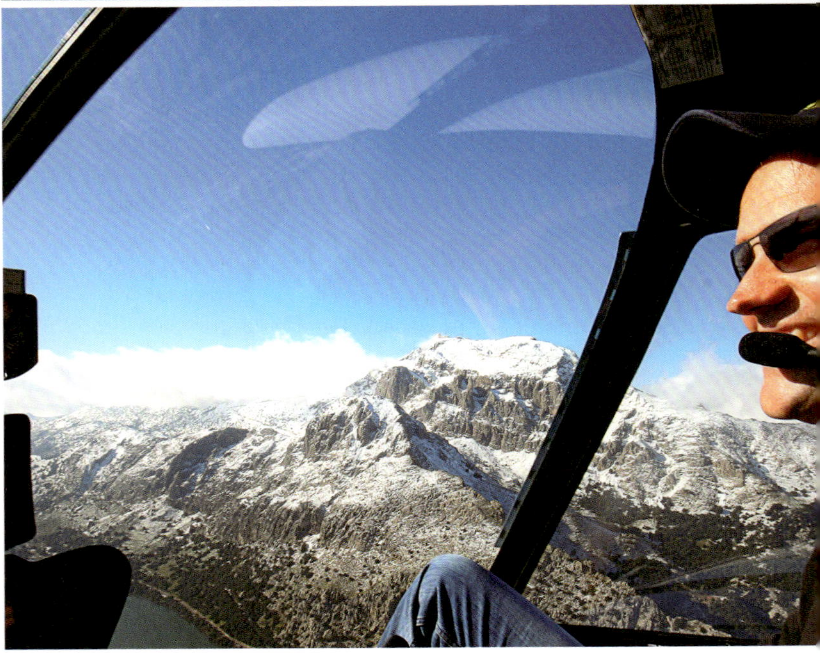

Mallorca von oben – per Helikopter

Ob Heli-Picknick, Heli-Wellness, Heli-Weintour oder einfach nur der kürzeste und landschaftlich schönste Weg von einem Teil der Insel zum anderen: »Life is better in a Heli«. Das Angebot des professionellen und sympathischen Teams von »Rotorflug« unter Besitzer Frank de Vries eröffnet völlig neue Inselperspektiven.

Wer hat schon die Möglichkeit, zwei 18-Loch-Golfplätze an einem Tag zu spielen? Das Helikopter-Team von »Rotorflug« macht es möglich. Morgens Abschlag in Camp de Mar, nachmittags wird aufgeteet in Son Muntaner, Capdepera oder Pula – alles nur ein paar Rotorenschläge entfernt. Besonders schön ist auch ein romantisches Picknick an einem ansonsten unzugänglichen Platz, Catering von einem Sternekoch inklusive.

Ein besonderer Tipp: Das Heli-Wellness-Package, als außergewöhnliches Geschenk oder zum Eigenbedarf. Nach einem 30-minütigen Flug durch das atemberaubende Tramuntana-Felsmassiv werden die Gäste zum Wellness-Hotel »Son Caulelles« in Sa Cabaneta geflogen, das von der deutschen Familie Bleeck geführt wird. Hier können die Gäste ein individuell abgesprochenes Wellness-Programm genießen, bevor es wieder auf den Rückflug geht.

Wer einmal Helikopter geflogen ist, wird normalerweise süchtig nach diesem unvergesslichen, direkten Flugerlebnis. So ging es auch dem erfolgreichen Unternehmensberater Frank de Vries, der erst seine Karriere gegen das Helikopterfliegen eintauschte und dann seine Leidenschaft teilen wollte und auf Mallorca sein eigenes Helikopter-Unternehmen gründete.

Wen der Rotorenvirus ebenso gepackt hat wie ihn, dem bietet das professionelle Team Unterrichtsstunden für Fluginteressierte an. Über die pittoresken Schluchten, Bergdörfer, Pinienwälder und einsamen Buchten der Insel zu fliegen, hat eine ganz spezielle Faszination und dazu kommt natürlich noch der Vorteil der schnellen Erreichbarkeit aller Balearen-Ecken. Auch ein kurzer Abstecher nach Ibiza zu einem Treffen mit Freunden ist hier Sache eines Moments, oder nicht viel länger.

Rotorflug Helicopters SL · Aeródromo de Son Bonet · 07141 Palma de Mallorca
Tel. +34 971/59 30 69, +34 607/73 38 13 (Mobil) · www.rotorflug.com

13 Ein sonniger Friedhof

Ob Schmuggler oder Geschäftsmann, Banker oder Tischler: Hier kommen sie alle zusammen auf dem riesigen Zentralfriedhof von Palma, der grau-weißen Totenstadt unter der Mittelmeersonne. Und weder ist es hier düster noch unheimlich. Ein Spaziergang wie in einem steinernen Geschichtsbuch der Stadt.

Die ungewöhnliche Atmosphäre mag zum einen am azurblauen Himmel und den paar fröhlichen Wattewölkchen liegen, die meist über der Szenerie schweben, zum anderen auch an den angeregt schnatternden Friedhofsarbeitern, die immer irgendwo irgendetwas zu besprechen haben. Der Tod ist zwar auch hier eine ernste Sache, aber während er für die einen schon einmal da ist, geht das Leben für die anderen doch weiter. Auch die laut kreischenden Möwen und der unüberhörbare Autolärm der nahen Ringautobahn lässt Grabesstimmung nicht wirklich aufkommen.

1821 wurde das heute 20 Hektar große Areal eröffnet. Der Friedhof der balearischen Metropole ist wie überall ein beeindruckendes Geschichtsbuch der Stadt, der Kriege und der Familien. Da ist beispielsweise das monumentale und ein wenig protzig wirkende Mausoleum der March-Familie, errichtet vom 1962 verstorbenen Patriarchen, Schmuggler und millardenschweren Geschäftsmann Joan March, dessen Bankfilialen der Banca March bis heute das spanische Straßenbild prägen. Daneben gibt es eine große Anzahl gotisch anmutender Kapellen und bescheidenerer Grabmonumente. Viele sind nach spanischer Tradition mit Fotos der Verstorbenen dekoriert, was eine seltsam anmutende Brücke schlägt zwischen der jenseitigen und der diesseitigen Welt. Vor allem Kinderfotos haben etwas besonders Anrührendes und man wendet sich schnell wieder der Architektur der Anlage zu.

Es hat etwas Feierliches, unter der strahlenden Sonne durch die Familiengeschichten zu wandern, aber das allgegenwärtige laute, mediterrane Leben mit seinen pfeifenden Arbeitern, kreischenden Seevögeln und eiligem Straßenverkehr hat doch etwas beruhigend Irdisches.

Friedhof Palma · Auf der Ringautobahn Via Cintura Richtung Andratx fahren und nach der Ausfahrt Richtung Valldemossa die nächste abfahren. Nach dem Kreisverkehr unter der Ringautobahn durch in Richtung Stadtzentrum fahren und beim Sportgelände neben dem Friedhof parken.

Kochkurse vom Sternekoch

Der über die Inselgrenzen hinaus bekannte Marc Fosh ist einer der beliebtesten Sterneköche der Insel. Sein kleines, modernes Restaurant »Tasca de Blanquerna« ist ein beliebter Platz, um seine neusten Kreationen zu probieren oder selbst an einem seiner sympathischen Kochkurse teilzunehmen.

Marc Foshs Tasca de Blanquerna ist Restaurant, Delikatessengeschäft und Kochschule in einem. Seine moderne, schnörkellose Küche begeistert in Spanien seit 1991 eine wachsende Gästeschar, von denen einige regelmäßig in seine Läden pilgern und viele der Kursteilnehmer – Inselbewohner und Urlauber – sind Wiederholungstäter. Wer einmal bei Marc Fosh gegessen hat, wird verstehen, warum.

In einer Seitenstraße in der Nähe des Bahnhofs von Palma liegt die »Tasca de Blanquerna«. Hier kann man im vorderen Teil in der »Boutique Gastronómica Fosh Food« Inselspezialitäten probieren und kaufen. Im hinteren Teil an einer L-förmigen Chromküchentheke finden zu entspannter Lounge-Musik die motivierenden Kochkurse statt, die der Meister persönlich veranstaltet.

Die Stimmung bei den Kursen ist immer besonders gut aufgelegt, was natürlich auch an dem stets entspannten Vollprofi Marc Fosh selbst liegt. Der erfolgsverwöhnte Koch und Gastro-Profi hat sich seine unprätentiöse Art bewahrt und seine Begeisterung und Kochfreude springt sofort auf alle Anwesenden über, schon wenn er die Zutaten für die Pinienkern-Parmesan-Kruste des Kabeljaus in den Standmixer wirft.

Wussten Sie schon, dass ein Siphon mit Kokussnussmilch, Saft, ja sogar Bouillon, in zartesten und edelsten Mousse-Schaum verwandelt? Oder dass 50 schwarze Oliven, über Nacht bei niedrigster Temperatur auf dem untersten Blech getrocknet, zu schwarzem Olivenpulver zu einer kleinen Cappuccino-Tasse mit »sehr intensivem Geschmack« zerfallen? Nun, nach diesem Urlaubskochkurs der Sternenklasse wissen Sie das auch, und viele weitere Küchengeheimnissen mehr.

Tasca de Blanquerna · Mo–Sa 13–16 Uhr, 20–23 Uhr · Calle de Blanquerna, 6 · 07003 Palma de Mallorca (nahe Plaça Espanya) · Tel. +34 971/29 01 08 · www.tascadeblanquerna.com

Reborn Spa – sich wie neu geboren fühlen

Das Spa inmitten Palmas exklusivster Einkaufsmeile ist der Treffpunkt aller »forever young«-Anhänger und erfreut sich größter Beliebtheit unter den zumeist weiblichen Kunden. Der Schwerpunkt bei den Behandlungen liegt hierbei auf der frischen Aloe-Vera, die als Jungbrunnen in vielen speziellen Behandlungen zum Einsatz kommt.

Es werden hierfür eigens angebaute Pflanzen mit über 2000(!) Sonnenstunden verwendet. Dazu gibt es klassische Behandlungen mit den neuesten Techniken und 24K-Gold Facials. Hier wird alles fachmännisch begutachtet, behandelt und internationale Kunden werden verwöhnt wie in den großen Spa-Metropolen der Welt.

Das gediegene lichtdurchflutete und großzügige weiß-goldene Interieur in dem Prachtbau an der Passeig de Born empfängt die Ladies of Leisure angemessen. Die Atmosphäre ist diskret und leise und aus den verschiedenen Behandlungszimmern, die nach Mozart, Chopin und Rossini benannt sind, kann man nur die Stille des Genießens spüren. Das Beauty-Institut bietet sorgfältig ausgewählte kosmetische Behandlungen für Körper und Gesicht mit innovativen Verfahren und Technologien an. Neben Massagen, Make-ups und Styling Services, steht auch ein Salon des Hairstylisten Stefan Niedenzu zur Verfügung. Hier der Tipp: Eine Aloe Vera-Haarpackung. Anti-Aging sogar für die Haare. Das qualifizierte Fachpersonal verwöhnt die Kunden von Kopf bis Fuß und sorgt dafür, dass keine Wünsche offen bleiben. Nach einem persönlichen Beratungsgespräch werden die Behandlungen speziell auf die Kunden abgestimmt.

▶ **Hot Stone Massagen für die Juniors und ein Facialtreatment oder eine Aloe Vera Massage für den Ehemann. Relaxen Sie zusammen!**

Das Spa liegt zentral in Palma nahe der Kathedrale und inmitten des beste Shopping-Districts der Metropole. Nach der Behandlung kann es gleich weitergehen zu den umliegenden Flagshipstores und internationalen Designerlabeln: HUGO BOSS, LOEWE oder Carolina Herrera.

ID Reborn Spa · Calle Constitución 1, pl. 1. · 07001 Palma de Mallorca · Tel. +34 971/72 84 55
www.reborn-spa.net

16 Indoor Paintball der besonderen Art

In einer Fabrikhalle befindet sich in Palma eines der größten Indoor-Paintball-Spielfelder Spaniens. Drei Indoor-Felder mit einer spektakulären Ausstattung und ungewöhnlichen Kulissen in einer Halle von 5000 Quadratmetern geben dem Spiel eine völlig neue Dimension und vermitteln den Eindruck, Teil eines Videospiels zu sein.

In einer riesigen Fabrikhalle ist eine martialische Kriegsruinen-Wüstenkulisse aufgebaut, zweigeschossige Gebäudekomplexe mit Autowracks, Benzinfässern und Sandsäcken inklusive. Hier kann der Paintball-Krieger für die Ehre, das Kulissenöl oder für das Bier danach kämpfen, wenn er nicht wieder von der gegnerischen Mannschaft in eine der hinterhältigen Sackgassen gedrängt wird. Nach Lust und Laune, unabhängig von den Wetterkonditionen, kann man Manöver aushecken, Gegenangriffe planen und Farbe verschießen.

Es gibt außerdem einen Dschungel-Kriegsspielplatz und ein Reball-Wettkampfareal. Im Dschungel erwarten den unerschrockenen Krieger Baracken, Schießstände, Barrikaden und sogar ein Flugzeugwrack liegt in der Gegend herum, um die Illusion perfekt zu machen.

Die Ausrüstung ist auf dem neuesten Stand. Außerdem finden hier neben dem normalen Spielbetrieb auch noch eine ganze Reihe Wettkampfvorbereitungen statt. Das Bunker-Team besteht nämlich selbt aus leidenschaftlichen Paintball-Soldaten, die zumeist in Tarnkleidung herumlaufen.

Für eine einfache Erfrischung nach dem Spiel gibt es eine zehn Meter lange Bar, ganz im authentisch-spanischen Stil mit mehreren Fernsehern, wo man sich unter gleichgesinnten Paintball-Fans von den Wettkämpfen und dem Kampfgetöse erholen kann. Einige gehören hier der ernsthaften Paintball-Szene an, andere sind Fun-Spieler und Besucher. Es sind alle Altersklassen vertreten und auch eine große Zahl weiblicher Anhänger dieses Zeitvertreibs findet sich. Nach der Schlacht ist hier vor der Schlacht und neue Teams sind schnell gefunden.

Bunker Indoor Palma Paintball · Carrer Setze de Julio, 56 · 07009 Polígono de Son Castelló
Palma de Mallorca Tel. +34 971/43 25 97 · www.bunkerindoorpaintball.com

Palmas Fiesta
mit Bronxgefühl

Der Ehrentag von San Sebastián wird jedes Jahr im Januar mit Konzerten und Feuerläufen gefeiert. Bereits am Vorabend wird ein umfangreiches Programm geboten und ganz Palma verwandelt sich in ein großes Musikfestival mit Livebands und Feuerstellen, an denen Sobrassada-Würste, Fleisch und Maiskolben gegrillt werden.

An insgesamt 10 Plätzen im Zentrum treten Livebands auf. Dann wird getanzt und gegrillt. Es sind alle Musikrichtungen vertreten, für jeden ist etwas dabei und gespielt wird mindestens bis zwei Uhr nachts. Überall sind große Bühnen aufgebaut, die größten auf dem Plaza Major, wo auch die meisten Grillstände zu finden sind. Durch die vielen halbierten Ölfässer, die kurzerhand zu Grills umfunktioniert wurden, die Menschenmengen und die Glut der Feuerstellen, die durch die Nacht leuchtet und gespenstische Schatten auf die Paläste der Altstadt werfen, wirkt es manchmal ein wenig wie ein Fegefeuer mit Livemusik.

▶ **Der Plaza Santa Eulàlia ist speziell für Jazzfreunde zu empfehlen. Hier spielen die besten Jazzbands noch bis tief in die Nacht.**

Auf dem Plaza de Cort, wo noch die Weihnachtsbeleuchtung hängt, ist eine der beliebtesten Bühnen mit Rock- und Popmusik und es treten sowohl spanische, mallorquinische als auch international bekannte Gruppen auf, um hier mit dabei zu sein. Die Feuerstellen werden von der Stadt organisiert und jeder bringt sich seine Grillutensilien selber mit. Ganze Familienkorsos mit Plastiktüten belegen die ersten Grills wenn es abends losgeht. Ein wärmender Platz dazwischen findet sich aber immer und man kann an einigen Ständen auch schon fertig Gegrilltes kaufen.

Die Atmosphäre und die Stimmung sind einfach einmalig. Wo sonst wird eine gesamte Hauptstadt zum Schauplatz eines Megagrillfests mit Festivalcharakter umfunktioniert. Am Ende des Patronatsfests findet das Feuerspektakel *Atiàrfoc* mit zahlreichen Teufelsgruppen statt. Den krönenden Abschluss bildet schließlich ein fulminantes Feuerwerk über dem Meer.

Fiesta San Sebastián · 20. Januar · Palma, rund um Plaza Major und Plaza de Cort
www.illesbalears.es/ale (über: Mallorca/ Freizeitgestaltung/ Festivals/ Kulturtermine)

18 Dalís Surrealismus in herrschaftlichen Hallen

*Einen ungewöhnlichen Blick auf das Werk von »Mr. Surreal«
Salvador Dalí bietet das neue Museum Can Morey de Santmarti in
Palma. Rund 200 signierte Originalgrafiken des großen Meisters
und Ausnahmekünstlers des 20. Jahrhunderts kann man in den
herrschaftlichen Hallen besichtigen.*

Das Museum ist das Werk von Wolfgang Hörnke, Dalí-Liebhaber, Sammler und Kunsthändler, der durch seine jahrelangen Kontakte zu direkten
Nachbarn und Freunden Dalís in Cadaqués an die Originalwerke kam. Zwischen den arabischen Bädern und der Kathedrale liegt der Stadtpalast, der
selbst schon ein Grund ist, die Ausstellung zu besuchen. Die Atmosphäre
in den Ausstellungsräumen ist gediegen und der Flügel im Eingang gibt
dem Ganzen ein wenig den Charme eines Privathauses.

Die Auswahl der grafischen Arbeiten beschränkt sich bewusst auf vier
Jahrzehnte, nämlich auf die 1930er-, 1950er- und die 1960er- bis Anfang
der 1970er-Jahre. In diesem Zeitraum stand Salvador Dalí im Zenit seines
grafischen Schaffens und die hier ausgestellten
Werke sind auch weit entfernt von den tausend-
mal gesehenen Sujets, den zerfließenden Uhren
und Giraffenkommoden Dalís. Die wirklich exzellenten originalen Radierungen sind aus den jeweils kompletten Serien: *Les Chants de Maldoror*
(1934), *Mythologie* (1960–1965), *Tauromachie surréaliste* (1966–1967),
Les Hippies (1969–1970), *Apollinaire* (1968), *Ronsard* (1968) und *Faust*
(1968). Alle hier gezeigten Arbeiten wurden von Salvador Dalí im Beisein
der Familie Argillet, Herausgeber der Serien, im Fünf-Sterne-Hotel »Le
Meurice« in Paris signiert.

Die in den Sälen über drei Etagen ausgestellten Kunstwerke sind wirklich virtuos im Ausdruck und in ihrer Bedeutung für Dalís Gesamtwerk. Der
Eingangsbereich beherbergt außerdem ständig wechselnde Ausstellungen
diverser nationaler und internationaler Künstler.

▶ **Im Kinoraum werden
berühmte Filme des
Surrealismus gezeigt
wie *Un Chien Andalou*
von Luis Buñuel.**

Museo Can Morey de Santmarti · Carrer de la Portella, 9 · 07001 Palma de Mallorca
Tel. +34 971/72 47 41 · www.museo-santmarti.es

19

Handgewebte Unikate

Telas de lenguas, der wunderschöne, traditionell handgewebte Stoff mit dem Flammenzungenmuster, ist charakteristisch für Mallorca und mit den aus dem Orient stammenden Ikat-Stoffen verwandt, die mit am aufwendigsten zu webenden Stoffe der Welt. Bei der »Artesanía Textil Bujosa« wird er noch traditionell hergestellt.

Den Stoff, aus dem Einrichtungsträume sind, kann man hier an der Insequellle direkt vom Werk kaufen. Entsprechend der Original-Webtechnik darf man die Preise aber nicht mit denen der günstigen, lediglich bedruckten Flammenstoffe verwechseln. Die Webmanufaktur in Santa Maria ist eine der ältesten der Insel, und die hier in dritter Generation handgefertigten und -gefärbten Stoffe sind echte Handwerkskunst und Unikate.

Je mehr Farben, desto aufwendiger ist auch der Webvorgang. Die mallorquinischen Ikats werden traditionell aus Baumwolle hergestellt, und es gibt sie von einfarbigen Gebrauchsstoff-Versionen im klassischem Indigoblau bis hin zu wunderschönen seidenen Farbvariationen oder eleganten Seiden-Leinen-Mischungen.

Es gibt auch noch eine Vielzahl von anderen Naturstoffen wie die wunderschönen naturbelassenen oder ebenfalls handgefärbten schweren Leinenstoffe, die beispielsweise für Bettwäsche oder Vorhänge ideal sind. Auch die Kollektionen mit handgewebten Streifenstoffen sind sehr beliebt und die Farbvielfalt eine wahre Inspiration.

Einzelwünsche und Anfertigungen werden gerne umgesetzt und individuelle Stickereien können auf Kissen oder Tischwäsche angebracht werden. Bestellungen können in relativ kurzer Zeit umgesetzt werden. Auf fünf über hundert Jahre alten Webstühlen wird gearbeitet, und im Laden des kleinen Dorfhauses werden die Stoffe und Accessoires verkauft. Nicht nur die besten Hotels und Privathäuser der Insel sind Kunden, sondern *Cognoscenti* (echte Kenner) aus aller Herren Länder lassen sich ihre Initialen auf den exklusiven Inselstoffen in die ganze Welt versenden. Made in Mallorca.

Artesanía Textil Bujosa · Mo–Fr 9–13 Uhr, 15.30–20 Uhr · Carrer Bernat de Santa Eugenia, 53 07320 Santa María del Camí · Tel. +34 971/62 00 54 · www.bujosatextil.com

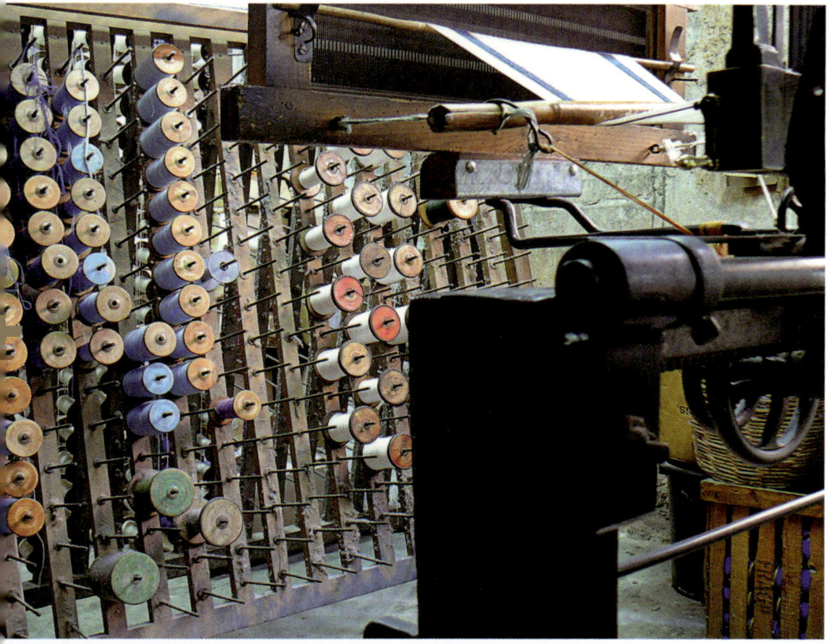

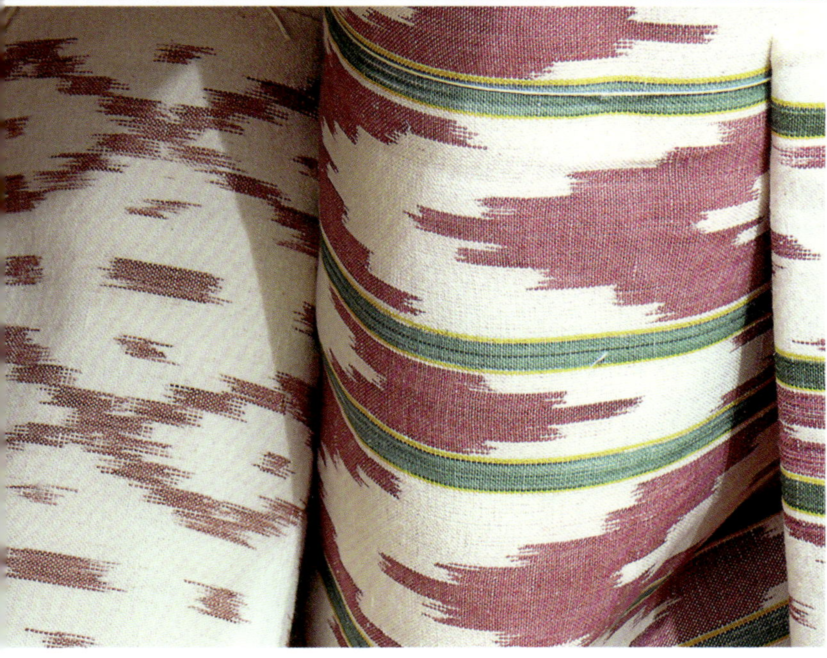

Der Miami Beach
von Mallorca

Im minimalistischen Ambiente des Designhotels »Zhero« gibt es jeden Sonntagabend ab 19:30 Uhr ein BBQ. In der ganz in weiß gehaltenen mediterran-urbanen Pool-Landschaft des Hotels, das zu einem Vorort von Palma gehört, fühlt man sich zusammen mit den hippen Insulanern ein bisschen wie am legendären Ocean Drive.

Das Designhotel ist betont cool gestaltet in der Signature-Farbe weiß. Nach einem turbulenten Wochenende lässt es sich hier fabelhaft entschleunigen. Auf Liegen und an den Tischen um den türkisfarbenen Pool gibt es dann ein lässiges BBQ aus der sehr guten Hotelküche unter Küchenchef Marco Parillo.

Hier mischen sich Einheimische mit deutschen Gästen und Hotelbesuchern zu einem entspannten Abend-Chillout zu cooler Lounge-Musik. An der türkis-weißen Bar gibt es Willkommenscocktails und man trifft Freunde oder kommt mit Fremden ins Gespräch.

Um das Ganze exklusiv und kommunikativ zu halten, ist nur Platz für etwa 50 Personen, man sollte daher unbedingt vorbestellen. Der Dresscode ist smart-casual und der Umgebung angepasst erscheinen viele der Gäste ganz in Weiß. Frischer Fisch und bestes Fleisch, Scampi, Steak, Chorizo, Maiskolben, frisches Gemüse und Salate in einem idealen Rahmen, wie auf einer Privatparty in Miami Beach. Der Grill wird vom aufmerksamen Personal wie von unsichtbarer Hand stets von Neuem mit den köstlich duftenden Zutaten bestückt. Bei einer Meeresbrise und unter blauem Abendhimmel schmecken die gegrillten Gerichte einfach unvergleichlich gut.

Gegenüber kann man auf das Meer sehen und den Sonnenuntergang bei eisgekühlten Drinks genießen. Das Hotel liegt nur etwa sieben Minuten von Palma entfernt an der alten Küstenstraße der Insel, zwei Minuten vom Strand. Hier mischt sich moderne Urbanität mit lässigem Mittelmeer-Flair und Besucher treffen auf moderne Mallorquiner. Ein hedonistischer Ausklang des Wochenendes mit gesunden, frischen Gerichten und den besten Beats in sexy Atmosphäre.

Hotel Zhero · Carretera de Palma-Andratx, 6 · 07181 Cas Català, Mallorca
Tel. +34 971/91 79 17 · www.hotel-zhero.com

21

Romantisches Dinner am Mittelmeer

Das kleine, versteckt am Meer liegende alte »Hotel Bendinat« ist seit langem eine Inseladresse für beste Küche und mediterrane Atmosphäre »at its best«. Unter Einheimischen und Residenten ein gut gehütetes Geheimnis, kommen alle, die den Platz einmal für sich entdeckt haben, immer wieder hierher.

Das »Hotel Bendinat« mit seinem Restaurant liegt in einer reinen Wohngegend, einer der exklusivsten der Insel. Auf den schönen klassischen Rattanstühlen der Terrasse sitzt oder ruht man unter schattigen Pinien mit Blick auf die besonders malerische Bucht und den kleinen vorgelagerten Badefelsen des Hotels. So stellt man sich das Ambiente am Mittelmeer vor über 50 Jahren vor.

Die Kellner haben die freundliche Präzension und unaufdringliche Präsenz alter Schule, mit der hier schon seit Jahrzehnten die Gäste bedient werden. Aufgrund der Stadtnähe zu Palma kommen viele Palmesaner hierher und mischen sich unter die Hotelgäste der nur 54 Zimmer. Das lässigelegante Publikum verteilt sich an den wunderbar privat gelegenen Tischen und auch zur Hochsaison ist es hier nie überfüllt, eng oder zu laut. Zum besonders freundlichen Service kommt eine eher unmediterrane Professionalität, und die stilvolle und behutsame Renovierung vor einigen Jahren hat den Komfort des Hauses noch optimiert. Das perfekte Kleinod aus einer anderen Zeit hat sich den alten Charme bewahrt und ihn mit Feingefühl perfektioniert.

Auch das Essen des Restaurants ist ein Hochgenuss und sehr zu empfehlen. Besonders schön ist das Lunch mit Blick über das azurblaue Meer, aber auch ein Dinner ist besonders stimmungsvoll in diesem Ambiente, und man ist versucht, sich einzumieten, um den Abschied zu verschieben. Beliebt ist die Terrasse auch für einen Drink zwischendurch, einen leichten Appetizer, ein Sandwich oder einen frischen Salat mit eisgekühltem leichtem Weißwein. Die Paella gilt als eine der besten der Insel und man sollte sie, wie die Spanier, nur mittags essen.

Hotel Bendinat · Carrer de Andrés Ferret Sobral, 1 · 07181 Portals Nous, Mallorca
Tel. +34 971/67 57 25 · www.hotelbendinat.es

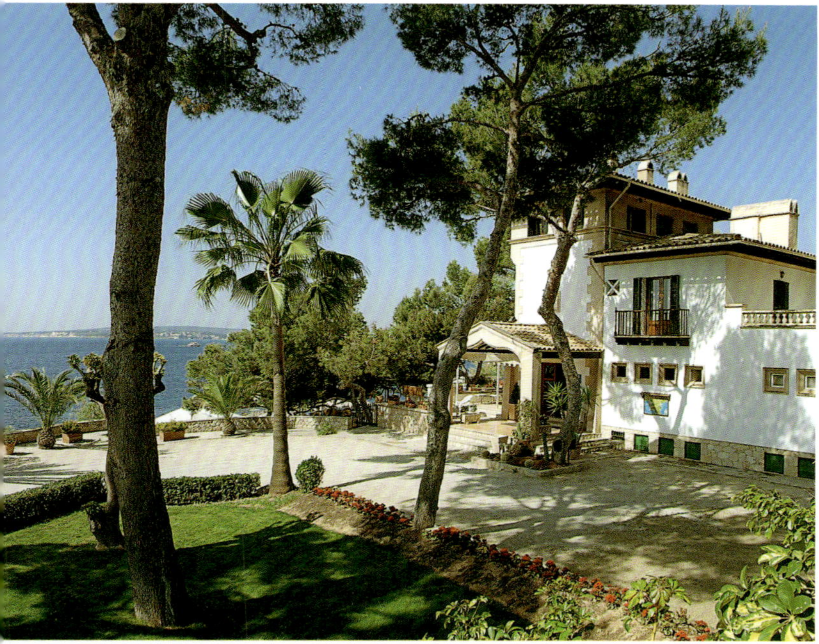

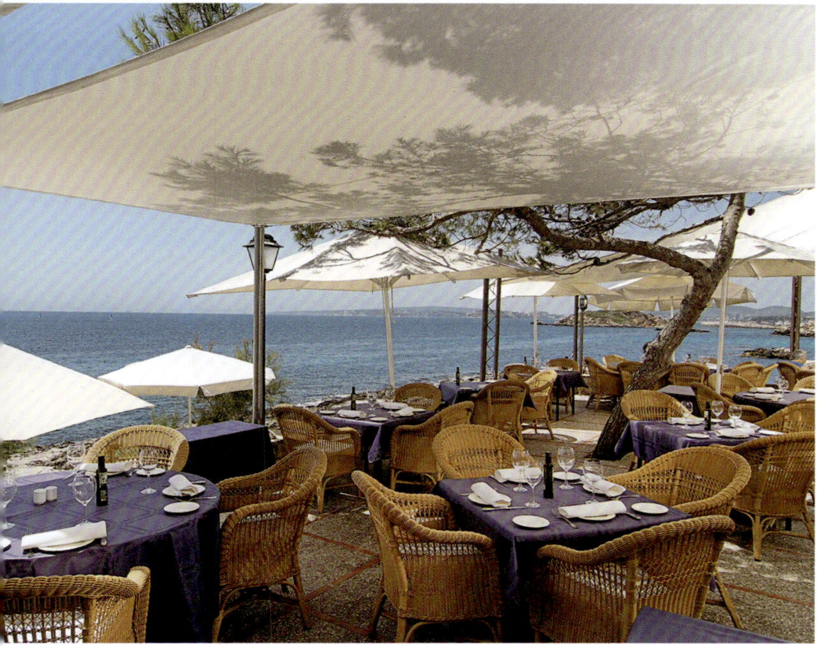

22

Entspannen und Nichtstun im Virtual Club

Versteckt in den terrassenartigen Klippen von Illetas liegt einer der schönsten Beach-Clubs der Insel, der »Virtual Club«. Vom Frühstück über ein ausgedehntes Mittagessen bis hin zu auf den Liegen servierten Wassermelonen kann man hier den ganzen Tag mit süßem Nichtstun verbringen.

Schon wenn man die Treppen der pittoresken, in den Stein gehauenen Gartenanlage hinunter zur Sonnen- und Restaurant-Terrasse hinuntersteigt, beginnt die absolute Entspannung. Im Restaurant wird eine hervorragende Fusion-Küche serviert, im Lounge-Bereich kann man wunderbar entspannen und auf den Liegen und DEDON-Daybeds mit sensationellem Blick auf das Mittelmeer überlegen, wie weit man das nächste Mal schwimmen möchte. Von der Leiter an den Klippen geht es ins Wasser und man kann entweder zu einer kleinen vorgelagerten Inseln oder zum Strand von Illetas schwimmen, der gleich gegenüber liegt. Man kann sich aber auch für eine Massage entscheiden oder für einen Einkauf an den Hippie-Ständen, die meistens am Eingang aufgebaut sind und die den ultimativen Perlenschmuck oder das absolute Lieblingstuch verkaufen.

Damit geht es dann direkt für einen Erdbeer-Mojito an die Cocktail-Bar. Frische Früchte, Sandwiches und eisgekühlte Getränke werden auf den Liegen serviert, köstliches Frühstück, Lunch und Dinner auf der Terrasse zu dezenter Beach Ambient Music. Einige der Gäste kommen extra aus Palma zum Lunch hierher, um kurz in das absolute Insel- und Feriengefühl einzutauchen.

Hinter der modernen, gläsernen Eingangstür, die von der Terrasse abgeht, geht es dann abends weiter in den Nachtclub, der in eine Naturhöhle gebaut ist. Mit toller Musik, beeindruckenden Lichteffekten und Live-Performances wird hier getanzt bis in den frühen Morgen. Internationale DJs spielen das Beste, was Jazz, Soul- und Disco-Musik zu bieten hat.

Das frühzeitige Kommen sichert auch hier die schönsten Plätze zum Sonnen, Feiern und Parken.

Virtual Club · Paseo de Illetas, 60 · 07184 Calvià, Mallorca
Tel. +34 971/70 32 35 · www.virtualclub.es

Ein Beach-Club für die ganze Familie

Strandfeeling, Beach-Club und Restaurant – alles in einem, das ist der Strand von Illetas. Der ganz in weiß dekorierte Strandclub und das ausgezeichnete Restaurant liegen am schönen kleinen Sandstrand von Illetas, über 9000 Quadratmeter groß, terrassenförmig angelegt und mit dem Auto nur zehn Minuten von Palma entfernt.

Während Junior sich beim Kajakfahren austobt, kann der ältere Familienkern auf der Restaurant-Terrasse entspannen, sich bei einer Wellness-Behandlung den Muskelkater von zu viel Wassersport wegmassieren lassen oder einfach nur beim Nichtstun auf einer der Sonnenliegen auf das funkelnde Meer schauen. Die geschützte kleine Bucht lädt zum Schwimmen ein, ansonsten ist Abschalten bei Chillout-Musik und gut organisiertem Service hier die Hauptbeschäftigung.

Das reichhaltige Frühstück verkürzt die Wartezeit bis zum Mittag, wo die Paella von Chefkoch Miguel García lockt und die Küche eine Vielzahl an leichten Mittelmeergerichten serviert. Die Seeteufel-Riesengarnelen-Spieße sind der absolute Geheimtipp. Für diejenigen, die es noch etwas exklusiver mögen, gibt es auf der neuen Veuve-Cliquot-VIP-Terrasse Austern und Sushi, serviert mit Blick auf den Strand von Illetas und die Bucht von Palma. Der *Chelsea Iced Tea* ist hier das Kultgetränk, eine Mischung aus Wodka, Gin, Rum, Maracuja-Likör und jeweils die gleiche Menge Zitronen- und Limettensaft, mit Champagner aufgegossen.

Im Lounge-Bereich des »Las Terrazas« gibt es außerdem noch eine Rosmarin-Boutique und einen Massage-Salon auf Strandebene. Wem danach ist, der kann hier auch verschiedene Beauty-Behandlungen buchen. Es ist einfach, hier den ganzen Tag zu verbringen.

Nachts erleuchten Kerzen und Fackeln das Lokal, und das Dinner und die Nacht können beginnen. Sonntags werden nachmittags Partys veranstaltet, und an Dienstagen und Donnerstagen gibt es den Blauen Markt, an dem es handgemachte Erzeugnisse gibt, wie z. B. Fleur de Sel (Meersalz).

Las Terrazas Beach Club · Carretera Illetas, 52 · 07181 Calvià, Mallorca · Tel. +34 971/40 10 31
www.lasterrazasbeachclub.com

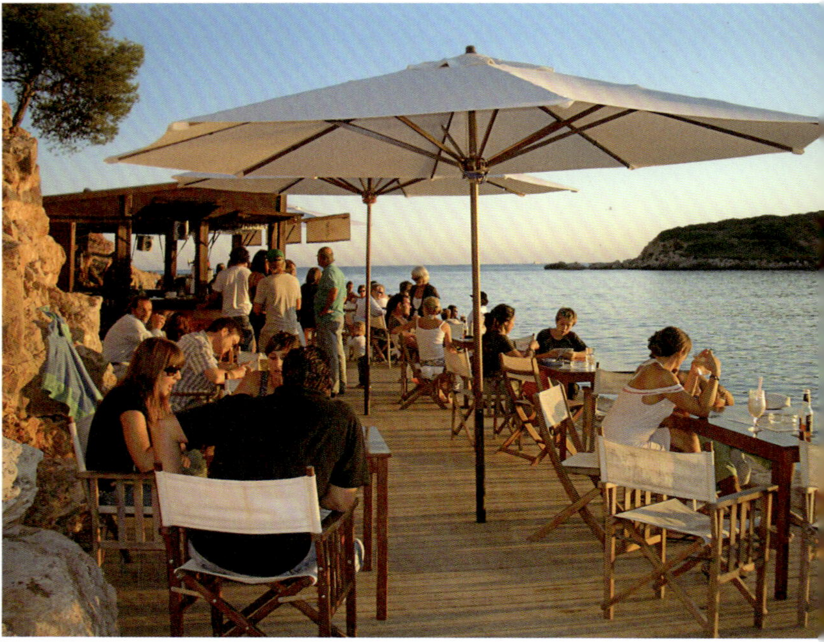

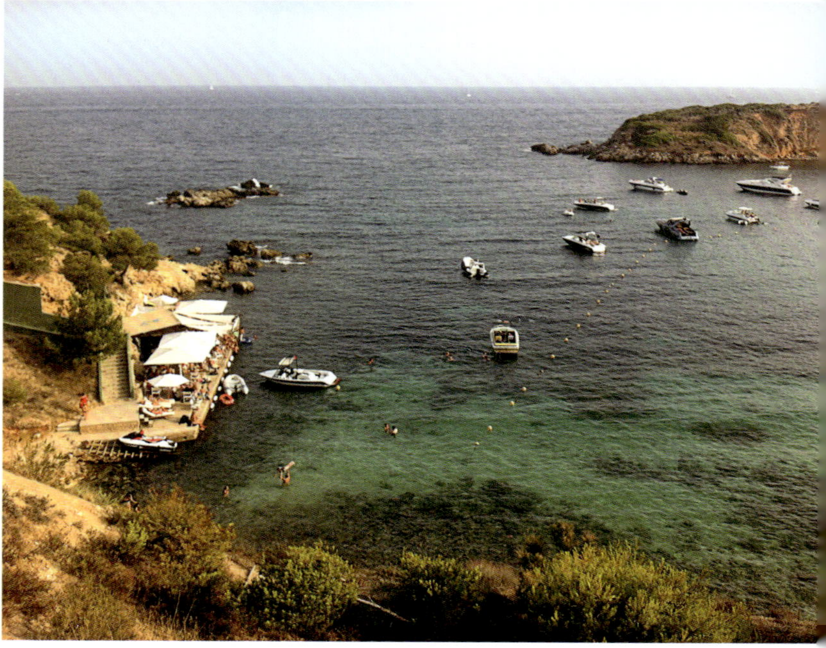

Karibik-Ambiente
in der Roxy-Beach-Bar

Die auf einem kleinen Bootssteg gelegene, sehr lässige Strandbar »Roxy Beach« von einem argentinisch-deutschem Pärchen, ist der Treff unter den jungen und trendigen Strandgängern der Insel. Unter den internationalen Gästen und Einheimischen sitzen Stars und Sternchen aus Showbusiness und Sport.

Eine steile Steintreppe führt aus dem Ort direkt unterhalb der Kirche von Portals Nous die malerischen Klippen hinunter. Von den teuersten Luxusjachten des Mittelmeers legen die Beiboote an, um an der kultigen Holzbar Cocktails zu trinken oder sich auf einem der begehrten Liegestühle – von denen es nur eine Handvoll gibt – malerisch zu drapieren. Die Füße haben viele im Wasser hängen, während zu bestem Chill- und Lounge-Sound geflirtet und geschaut wird. Sehen und gesehen werden ist das Credo. Dazu werden Cava Sangria, hervorragende Mojitos und Erdbeer-Daiquiris getrunken.

Zwischendurch zeigen einige der Gäste gerne ihre Schwimmkünste im seichten Uferwasser oder man steht zur Entspannung einfach nur mit dem Drink in der Hand im Meer, um sich ein bisschen abzukühlen von der Sommer- und Party-Hitze des Tages.

Das Essen ist hier eher Nebensache, da die begrenzte Stegküche nicht wirklich viele Variationen hergibt. Zum Frühstück gibt es Bocadillos, Sandwiches und immer frische Salate. Und wenn die Vorräte auf dem Steg zu Ende gehen, wird auch schon mal einer der gutaussehenden Beach Boys nach oben ins Dorf geschickt, um dort aus einem Restaurant den gewünschten Salat zu holen.

Der Blick über die Bucht und auf das gegenüberliegende bunte Strandtreiben wirkt fast wie aus einem Film, und meistens weht auch eine angenehme Meeresbrise. Es gibt kaum einen besseren Platz für einen Sundowner mit Karibik-Ambiente. Hier sind vom Personal bis hin zu den Gästen alle entspannt – wobei die beiden Gruppen mitunter schwer zu unterscheiden sind.

Roxy Beach · Mo–So 10–22 Uhr · Puerto Portals, local 64 · 07181 Portals Nous, Mallorca
Tel. +34 627/52 44 58 · www.roxy-beach.de

25 Skihütten-Feeling am Strand

Am wunderschönen kleinen Strand von Puerto Portals, einem der schönsten im Südwesten, liegt die unter deutsch-schweizerischer Führung stehende Szene-Strandbar »Beach Alm« – kultige Skihütten-Atmosphäre direkt am Strand, mit zehn Tonnen Tiroler Holz direkt an die Segelschule des Hafens gebaut.

Der Erbauer wurde eigens hierfür von den Betreibern angeworben und nach Mallorca gebracht und es war kein geringerer als der Schreiner des Stanglwirts aus Kitzbühel. Hier gibt es Skihütten-Feeling im Bikini, Schafsfelle auf den Bänken, karierte Tischdecken, Almdekoration und Strandhasenalarm am blauen Meer.

Die immer sehr gute Küche des Kochs Benjamin Richter und dazu ein ausgezeichneter, immer freundlicher Service sind neben dem Standort ein Haupterfolgsgrund dieses ungewöhnlichen Inselplatzes. Es gibt unter anderem natürlich Wiener Schnitzel, Schweizer Wurstsalat, Germknödel und Kaiserschmarrn – tatsächlich. Ansonsten erfreuen sich die Gäste aber überwiegend an einer Auswahl leichter mediterraner Gerichte.

Und die weiblichen Kellnerinnen tragen Dirndl. Nicht immer, aber öfter! Dass die typische Almtracht nicht konsequent getragen werden kann, hat im Hochsommer natürlich auch mit den Dirndl-untauglichen Temperaturen auf der Insel zu tun, gegen die auch der im Außenbereich fein versprühte Wassernebel nicht genug ausrichten kann. Das Publikum selbst ist von normal bis trendy gekleidet und die Stimmung ist stets zuverlässig gut gelaunt.

Über Portals Nous oder über den Hafen von Puerto Portals gelangt man mit wenigen Schritten an die Playa und dann gleich auf eine der zwei großen, die Bucht überschauenden Sonnenterrassen der »Beach Alm«. Der Prominentengehalt ist auch hier vorhanden, stört aber nie die entspannt-fröhliche Skihütten-Atmosphäre. Strandhütte meets Gaudi, da kann auch der eine oder andere Ex-Tennis-Profi nebst Ehefrau nicht stören. Und im Winter gibt es Käse-Fondue, tatsächlich!

Beach Alm · Mo–So 9–24 Uhr · Playa Puerto Portals · 07181 Portals Nous, Mallorca
Tel. +34 680/25 85 32 · www.beachalm.com

26 Segler, Boote und der König

In diesem lässig-eleganten Restaurant im exklusivsten Jachthafen der Insel ist die maritime Nähe vom Publikum bis hin zur Karte erkennbar. Das »Flanigan« ist der zentrale Anlaufpunkt, für die Understatement-Liga des Hafens. Hier sitzt die Segelcrew auf Landgang und der König nach der Regatta.

Das durchgehend geöffnete Lokal, mit einem herrlichen Blick über die Jacht-Armada des Hafens und die vorbeiflanierenden Passanten, ist tagsüber vor allem eine beliebte Anlaufstelle für Segler, Bootseigner & Co., und die Karte bietet einige der besten Gerichte, die das Mittelmeer und die mallorquinische Küche zu bieten haben.

Von ausgezeichneter gleichbleibender Qualität und als eine Art gastronomische Institution im Jachthafen ist es auch eines der Lieblingsrestaurants des spanischen Königs und seiner Familie, der während der Segelregatten und seiner zahlreichen Ferienaufenthalte auf der Insel nicht selten an einem der Nachbartische sitzt – glücklich und in maritimer Freizeitkleidung die unprätentiöse Atmosphäre und die exzellenten Fischgerichte genießend.

▶ Auch wenn es heißt, der beste spanische Weißwein sei ein Roter, sollte man hier unbedingt eine Flasche Terras Gauda bestellen. Der Rías Baixas beweist wieder einmal, dass Ausnahmen die Regel sind.

Eine der Spezialitäten des Hauses ist die *Tarta de manzana* (ein kleiner Apfelkuchen), die bereits bei der Aufgabe der Bestellung in Auftrag gegeben werden muss, da sie für jeden Gast frisch gebacken wird. Hauchdünn, warm und mit Vanilleeis zu einem der fantastischen Weine der ausgezeichneten Weinkarte lässt diese dann nicht nur das Eis schmelzen sondern auch jedes Seglerherz und das der übrigen Besucher, während man auf den Hafen und das Meer blickt.

Die beiden Bartische im Inneren des Restaurants sind die allerbesten für einen Rundumblick auf das umliegende Geschehen und das Steak Tartar Picante, am Tisch zubereitet und mit ganz dünnen Patatas fritas, ist unumstritten eines der besten der Welt.

Flanigan · Puerto Portals, local 16 · 07181 Calvià, Mallorca · Tel. +34 971/67 91 91 · www.flanigan.es

Individuelle Segelausflüge

Außergewöhnliche Segeltouren fernab der gewohnten Touristenwege bietet Paul Madden mit seinen maßgeschneiderten Cruising-Routen. Der englische Vollblutsegler mit Royal-Navy-Familiengeschichte und Erfahrungen auf allen sieben Weltmeeren kennt die Insel und die umliegenden Gewässer wie seine Schwimmwestentasche.

Ob beim Sonnenuntergang vor Mallorcas Küsten den Delfinen zuschauen, einen Trip nach Formentera in das hippe Restaurant »Juan y Andrea« und neben der Jacht von Brad Pitt und Angelina Jolie ankern oder Wracktauchen in den versteckten Buchten Mallorcas, nur in Begleitung einiger Wasserschildkröten, bei Paul steht das alles auf dem Programm.

Madden kann seinen Segelgästen Boote verschiedener Größe für die Törns anbieten – zwischen vier und acht Personen, zwischen 14 und 38 Meter-Jachten – und dann die Routen ganz auf die Wünsche seiner Crew abstimmen. Durch seine langjährige Inselerfahrung und seine Beziehungen als erfolgreicher Regattasegler stehen ihm die schönsten privaten Jachten im Mittelmeer zur Verfügung, auch die von Eignern, die sonst eigentlich nicht verchartern würden.

Es ist schon eine Segeltour de Luxe in der Eignerkabine der Privatjacht der nächsten Küste entgegenzusegeln. Wo wollten Sie immer schon einmal hin? Wovon haben Sie schon immer geträumt? Zu welchem Wrack wollten Sie schon immer einmal tauchen? Paul kennt es bestimmt. Für längere Touren können Catering und andere Wünsche individuell besprochen und organisiert werden.

Paul ist der wohl sympathischste und fröhlichste Yachtie den man sich denken und mit dem man segeln kann. Er hat seine Karriere als internationaler Topmanager vor über zehn Jahren gegen das Meer eingetauscht und segelte dann erst einmal um die Welt, bevor er beschloss, sich als professioneller Skipper auf Mallorca niederzulassen. Seitdem hat er auf den Balearen jede Bucht und jede Welle erkundet, weit ab der sonst befahrenen Ecken und Strecken. Wer wäre da nicht immer fröhlich und gut gelaunt?

Blue Skies Yachts · Tel. +34 666/84 65 99 (Paul Madden)
www.superyachts.com

Für Harley-Davidson-Fans ein echtes Muss

Mit der legendären Softail Springer Classic die filmreife Küstenstraße bei Deià hinuntercruisen, den Sonnenuntergang am Playa de Muro ansteuern oder einfach nur dem Abenteuer entgegenfahren – Auch auf einem Motorrad-Klassiker lässt sich Mallorca erleben.

Bei dem Harley-begeisterten, leidenschaftlichen Motorradfahrer Marco Civetta kann man seit 1997 die schönsten und gepflegtesten Kultklassiker von Harley Davidson mieten, um auf eigene Faust oder unter seiner Führung die Insel zu erkunden. Touren werden individuell für den Kunden ausgearbeitet oder es werden geführte Gruppentouren zusammengestellt.

Der Standort der Motorräder ist in Portals Nous, und von da aus startet man auch nach dem morgendlichen Treffen und einem Frühstück im Hafen von Puerto Portals. Eine Route führt zum Beispiel nach Andratx, von An-

dratx aus weiter Richtung Westküste nach Estellencs, wo man bei einem Café con Leche die wunderschöne Küste genießen kann, und dann geht es weiter nach Banyalbufar.

Man fährt einen fantastischen und abwechslungsreichen Küstenstreifen entlang bis Deià. Weiter geht es in die Abfahrt zur Cala de Deià, die durch eine atemberaubende Schlucht bis zur Küste führt. Dort ist der perfekte Platz für ein Mittagessen in einem fantastischen Fischlokal, das nur wenige Meter vom Wasser entfernt liegt. Wieder aufgesattelt geht es weiter Richtung Sóller, auf verkehrsfreien Nebenstrecken durch die Natur der weiten Hügellandschaften und durch Oleander- und Rosmarinduft Richtung Palma. Von Palma sind es nur noch wenige Kilometer zurück nach Portals Nous.

Es gibt eine solche Vielfalt an versteckten Plätzen auf der Insel, dass man jeden Tag eine neue Strecke erkunden könnte – ganz gleich, ob entlang der Westküste mit ihren berühmten Terrassenhängen von Banyalbufar und den Bergdörfern Valldemossa und Deià oder zu den kleinen Orten und Badebuchten der Ostküste, eins der letzten Inselabenteuer.

HT-Baleares S.L. · Calle Alta, 2–4E · 07181 Portals Nous, Mallorca · Tel. +34 971/67 74 57
+34 609/60 66 49 · www.ht-baleares.com

29

Das Mittsommernachtsfest für Verliebte

Eines der romantischsten und magischsten Feste auf Mallorca ist die Noche de San Juan am 23. Juni, das Mittsommernachtsfest, das traditionell den Beginn der Sommersaison einleitet. Der alte heidnische Brauch zu Ehren der Sonnenwende hat einen besonderen magischen Reiz – auch wenn sein Ursprung ungewiss ist, oder gerade deswegen.

Am Tag der Sommersonnenwende hat die Sonne ihren höchsten Stand. Die *Nit de Sant Joan* wird auf Mallorca auch *La festa del sol que balla*, »das Fest der tanzenden Sonne« genannt. Es ist in ganz Spanien die Nacht für Verliebte und die Nacht der Magie.

Das Fest ist untrennbar verbunden mit dem Feuer und auch als *Nit de Foc* (»Nacht des Feuers«) oder *Nit de les Bruixes* (»Hexennacht«) bekannt. Es ist die Nacht, in der man sich mit Freunden und Familie an den Stränden der

Insel zu Lagerfeuern trifft. Vor allem Verliebte machen sich schon am frühen Abend auf den Weg zum Meer, mit Essen und Getränken und jeder Menge Kerzen und Fackeln: Picknick im Kerzenschein. Und die nächtlichen Strände sehen wirklich magisch aus in all dem Lichtermeer.

Naturgemäß gehört eine Reihe von unfehlbaren Glücksbeschwörungen dazu, man muss nur an sie glauben. Man schreibt die Dinge des Jahres, die man gerne vergessen möchte, auf ein Papier und wirft dieses in die Flammen. Wenn man dabei noch weiße Kleidung trägt, hilft der Zauber so gut wie garantiert, und alles ist vergessen. Was da sonst noch alles an Formeln und Beschwörungen in den Flammen landet, man weiß es nicht. Danach lassen viele noch zusätzlich kleine selbstgebastelte Flöße und Boote mit Kerzen auf das offene Meer hinausschwimmen. Das erfüllt dann wieder einen anderen Zweck, und zwar den, den man sich gerade wünscht. Um Mitternacht springt, wer will, ins Meer, um garantiert alle bösen Geister abzuwaschen.

▶ **Der kleine Strand von Puerto Portals ist besonders romantisch und die Stimmung sehr familiär und verliebt. Frühes Kommen sichert einen guten Platz im Kampf gegen die bösen Geister.**

Revetia de Sant Joan · in der Nacht des 23. Juni, inselweit

Ein Wakeboard-Schnellkurs
für die Meere

Das Wakeboard ist das Snowboard der Meere und in der längsten Kabelski-Anlage Spaniens auf dem künstlichen See Lago Menor in Alcúdia kann man unter perfekten Bedingungen den ganzen Tag wakeboarden oder Wasserski fahren. Sowohl Anfänger als auch Fortgeschrittene haben hier ihren Spaß.

Der Wakeboard-Park mit seiner Kabelanlage ist speziell für Anfänger die einfachste, effizienteste und sicherste Möglichkeit, schnell den Spaß des Sportes zu erleben und das Wakeboarden zu erlernen ohne störende Wellen, kreuzende Jetskis oder neugieriges Publikum. Die Kabelanlage läuft über 220 Meter und garantiert somit eine recht anständige Fahrtstrecke auf spiegelglattem Wasser. Unter den simulierten Bedingungen erlernt sich der Sport spielend leicht, und es entwickelt sich schon nach kurzer Zeit eine Art Suchtgefühl. Für Fortgeschrittene bietet die Anlage die Möglichkeit, unter den gleichbleibenden Bedingungen des gleichmäßigen Zuges neue Tricks und Figuren einzuüben.

Das sichere Kabelsytsem zieht Wakeboarder und Wasserskifahrer, ähnlich wie ein Skilift, sanft in einer geraden Linie nach oben und die Geschwindigkeit wird manuell gesteuert, was es auch für die Juniorenmannschaft unter den Besuchern einfach macht und schnelle Anfangserfolge garantiert. Für Kitesurf-Fans entsteht ein Gefühl, als ob sie konstant mit 20 Knoten durch flaches Wasser gezogen würden – alles auf Knopfdruck. Mit den zusätzlichen Rampen und Slidern im Wasser kann man immer wieder Neues ausprobieren und Techniken verfeinern.

▶ **Man kann den Wakepark auch exklusiv für sich und Freunde mieten.**

In dieser Wasserarena kann man den ganzen Tag verbringen. Ausrüstung wird vor Ort gestellt. Es gibt hier alles, was für einen perfekten Wakeboard-Tag gebraucht wird: Helme, Schwimmjacken, Wetsuits und Wakeboards in allen Größen. Außerdem stehen professionelle Lehrer zur Verfügung. Danach steht der Live-Vorführung auf den Meeren dieser Welt nichts mehr im Wege.

Wakepark Mallorca · Carrer Estany Petit, s/n · 07400 Alcúdia, Mallorca · Tel. +34 666/44 89 22
www.mallorca-cableski.com

Auf der perfekten Welle reiten

Auch auf Mallorca kann man surfen wie an den beliebtesten Surfdestinationen dieser Welt. Zwei von Wave Loch® zusammen mit den besten Pro-Surfern der Welt entwickelten Wellenmaschinen ermöglichen Wellenreiten auf simulierten Wellen oder in einem Wellentunnel.

Das »Wave House« ermöglicht Surfen unter verschiedenen Bedingungen. Beim FlowRider® wird mit leistungsstarken Pumpen Wasser mit 48 Stundenkilometern über eine drei Meter hohe gebogene Wand gejagt, um so einen künstlichen Wassertunnel zu erzeugen. Die Maschine ist einmalig in Europa und steht auf dem Gelände des »Sol Wave House Hotels« in Magaluf, das um die Wellenanlagen herum designt wurde. Sie sind auch die Hauptattraktion und man muss kein Hotelgast sein, um den ultimativen Surf-Kick auszuprobieren – oder genauer gesagt, den Flowboard-Kick.

Flowboarding ist eine relativ neue Sportart und eine Mischung aus Surfen (Wellenreiten) und Snowboarding. Die Bretter sind erheblich kleiner als die originalen Surfbretter und auch einfacher, zu handhaben. Unter Anleitung der Surf-Instruktoren muss man zuerst mindestens eine Stunde im »zahmeren« FlowRider® absolvieren, bevor es in den Tunnel geht. Hier wird eine sanfte Welle abgeritten und der Erfolg stellt sich schnell ein.

Die FlowBarrel® ist ein anderes Kaliber und der etwa 16,5 Meter lange Wellentunnel will erst einmal gemeistert werden. Da kommt dann auch hier die Übung ins Spiel: Wellentunnelreiten ist die Königsdisziplin des Wellenreitens, und das hier jederzeit tun zu können, solange man auf dem Brett stehen kann, ist einmalig und auch der Grund, warum so viele Profis die Simulationsmaschinen nutzen. Sie sind aber auch ein Riesenvergnügen für Anfänger und man sollte die Gelegenheit, hier im Mittelmeer zu surfen wie sonst nur auf Hawaii auf keinen Fall versäumen. Die Partyhochburg Magaluf ist hierbei nicht hundertprozentig Hawaii, aber auch hier zählt vor allem das Surf-Erlebnis.

Wave House Mallorca · Avenida Magaluf, 18 · Calvià Beach Resort · 07181 Magaluf – Calvià, Mallorca · Tel. +34 971/17 00 16 · www.wavehousemallorca.com

32 Die Insel der Drachen

Die Insel Sa Dragonera liegt im Südwesten Mallorcas und es ist nicht sicher, ob sie ihren Namen der Form verdankt, die entfernt an einen Drachen mit erhobener Schwanzspitze erinnert, oder der endemischen Eidechsenart Podarcis lilfordi, die die Insel zu Hunderttausenden bevölkert, aber nicht größer als zehn Zentimeter wird.

Dragó bedeutet auf mallorquinisch »Echse«, soviel steht fest, in welcher Größe auch immer. In den 1970er-Jahren gelangte die Insel kurzzeitig zu Berühmtheit, als Hippies und Umweltschützer den Felsen im Meer besetzten, um eine Bebauung mit Wohnanlagen zu verhindern. 1995 wurde sie dann schließlich zum Nationalschutzpark erklärt und heute ist die Insel fest in der Hand von Vögeln, den Mini-Echsen und von naturbegeisterten Besuchern.

In den Jahrhunderten davor war die Insel vor allem bei Piraten als Versteck für sie und ihre Beute beliebt. Noch heute soll es 42 unentdeckte Schatzhöhlen auf der Insel geben, erzählt zumindest der Parkwächter Mika Noguera, und schatzversessene Familien mit ihren Kindern werden nicht müde, nach ihnen zu suchen, wahrscheinlich völlig ohne sich zu fragen, wie diese Zahl so genau feststehen kann. Es duftet nach Rosmarin und es gibt spektakuläre Aussichten.

Mehrere Anbieter fahren die Insel an und von Sant Elm mit Kapitän Pep und seiner »Margarita« ist sie nur 800 Meter entfernt. Gerade einmal 4,2 Kilometer lang und 900 Meter breit ist der geschichtsträchtige Felsen, der außer für die Echsen-Armada auch der Ort ist, den sich viele seltene Vogelarten als Mittelmeeradresse ausgesucht haben.

Vom kleinen Hafen gehen vier verschiedene Wanderwege ab. Ein extra angelegter Weg geht über die ganze Insel, angefangen beim Hafen an der Cala Lladó, weiter zum Cap de Tramuntana bis hin zur Cala de Llebeig mit seinen Leuchttürmen. Eine weitere Route windet sich in Serpentinen auf den 353 Meter hohen Inselberg Puig de na Pòpia mit einem alten Leuchtturm hinauf, der heute nicht mehr in Betrieb ist.

Sa Dragonera. Tel. +34 971/17 37 31 (Infozentrum) · Anfahrt: z. B. ab Sant Elm mit der Fähre »Margarita« März–Dez. Mo–Sa stdl. 10.15–13.15 Uhr, Tel. +34 971/10 08 66 · www.watertaxi.es

Weinpicknick im Sonnenschein

Inmitten der Weinberge des Weinguts »Santa Catarina« im Tramuntana-Gebirge über Andratx liegt der herrschaftliche 730 Jahre alte Landsitz Finca Son Bosch. Das Landgut mit den dazugehörigen Weinbergen wurde von dem schwedischen Ölmillionär Stellan Lundquist 1985 gekauft und die »Bodega Santa Catarina« gegründet.

Heute wird sie von Lena Hertel geleitet, die zusammen mit ihrem Bruder Gabriel auch die Geschäftsführung übernommen hat. Die sympathische Deutsche lebt seit 1998 in Spanien, studierte internationale Betriebswirtschaft und schrieb ihre Diplomarbeit über spanische Weine. Sie ist Expertin für den mallorquinischen Weinanbau, kennt nahezu jede geschichtliche Jahreszahl und weiß natürlich auch über die Reblausprobleme im 19. Jahrhundert Bescheid. Ihre Zeit auf Mallorca begann sie auf der »Bodega Santa Catarina« und blieb.

Das Weingut legt Wert auf mallorquinische Spezialitäten und Weinsorten. Alles wird hier ökologisch angebaut und geerntet. Die Finca Son Bosch liegt nur wenige, äußerst kurvenreiche Kilometer von der Hafenstadt Andratx im Südwesten Mallorcas entfernt, zwischen Antratx und Es Capdellà, in einem eher ruhigen, idyllischen Tal, umgeben von den Weinfeldern. Einmal hier angekommen stellt man schnell fest: Der Ausflug war die Reise wert.

Hier kann man entspannt in die Welt des Weins abtauchen, bei den informativ-unterhaltsamen Weinproben in dem romantischen Sandsteingewölbe oder bei einem der beliebten und noch romantischeren Weinpicknicks im Sonnenschein mit prachtvollem Blick über das Tal und die Weinberge. Im liebevoll gestaltetem Picknickkorb sind enthalten: eine Flasche Wein, Wasser, Baguette, Serrano-Schinken, Käse, Oliven, Olivenöl und Chorizo. Buen provecho! Manchmal kommen auch noch ein paar Kaki-Früchte vom Nachbarn Pedro dazu. Im Tausch dafür darf dieser dann im Herbst seine Schafe in den Weinbergen weiden lassen – Nachbarschaftspflege auf Mallorquinisch.

Bodegas Santa Catarina. Mo–Fr 10–18 Uhr, So 12–14 Uhr · Carretera Capdellà, km 4
07150 Andratx, Mallorca · Tel. +34 971/23 54 13 · www.santacatarina.es

34 Die Reflektion des Unterbewusstseins

Außergewöhnliche, großformatige Kinderporträts stehen auf den Staffeleien der Malerin im Bohemian-Studio oberhalb von Andratx. Ihre poetischen und doch realistischen Porträts haben eine tiefe Wirkung auf den Betrachter.

Aufgewachsen in Starnberg, England und Mallorca hat Constanze Waeger in England Fine Arts studiert. Ihr Leben in den USA und den verschiedenen Stationen Europas haben ihr einen ganz besonderen Blick und ihren Bildern einen unverwechselbaren Stil verliehen. Sie lebt seit 1994 auf Mallorca. Und hierhin ist sie nach dem Abschluss ihres Studiums und nach Auslandsaufenthalten auch wieder zurückgekehrt. Auf der »Isla de la Luz«, der Insel des Lichtes, findet sie das Licht für ihre seelenvollen Bilder und Kinderporträts, auf die sie sich spezialisiert hat. Ihre eigene

kleine Tochter, ein feengleiches Wesen, das mit den großen Haushunden durch das Anwesen streift, trifft man auch auf einer Leinwand in einer Ecke lehnend wieder.

Sie arbeitet entweder nach dem Modell und später nach einem Foto oder kann auch ganz nach Vorlage arbeiten. Es sind Kinder von Freunden, von Inselprominenz oder für eine neue Ausstellung: Portraits von berühmten Persönlichkeiten der Geschichte, nur als Kinder. Die Künstlerin hat einen ganz besonderen Sinn für das Verletzliche und gleichzeitig Tiefe in den Kindergesichtern entwickelt. Ihre Arbeiten haben einen ganz speziellen Stil, den ihre Kunden aus aller Welt schätzen. Sie selbst beschreibt ihre Arbeit als eine »Reflektion ihres Unterbewusstseins«. Sie experimentiert mit vielen Techniken, auch Schwämmen und Spachteln zum Farbauftrag, und auch die Hände und Finger der Malerin kommen zuweilen für die Hintergründe zum Einsatz. Außerdem verwendet sie extrem feine Pinsel, um den gewünschten Ausdruck und Effekt zu erzielen, der komplex und filigran zugleich wirkt. Das Resultat sind Werke von zeitloser Schönheit und Wirkung.

Constanze Waeger · Tel. +34 647/20 87 40
www.constanzewaeger.com

35 Monstergurken und andalusischer Schinken

Umgeben von Orangenhainen und Mandelbäumen, die ihre »Schneefall-Blüten« jeden Februar bekommen, ist Andratx eine verschlafene Stadt, die jeden Mittwoch auflebt. Dann ist Markttag und der Strom der Besucher fließt in die umgekehrte Richtung, vom Hafen Puerto Andratx in den etwas landeinwärts liegenden Ort.

Dann werden die Straßen von den Ständen und Budenbesitzern in Besitz genommen, die ihr Gemüse, ihre Oliven, Obst, Schinken und was nicht alles an den Marktbesucher bringen wollen anbieten – alles frisch von der Insel. Das ist hier den Einheimischen und auch den größtenteils deutschen Besuchern wichtig und selbstverständlich. Man kennt seine Stände. Da ist in einem Seitenteil der Stand von Annette Rathe, die ihr Biogemüse, eine Art Riesenzucchini, ob der ungewöhnlichen Größe in Hälften zu je ein Kilo verkauft. Das tut sie seit 15 Jahren, seit sie damals die Samen aus China mitbrachte und die Ernte, zurück auf Mallorca, jedes Jahr reichlicher wurde. Geschmacklich würde die Norwegerin ihr einmaliges Gemüse zwischen Kürbis und Salatgurke ansiedeln und es gibt treue Kunden, die schwören auf die Monstergurken.

> ▶ **Nach den Einkäufen kann man zur Kirche Santa Maria aus dem 13. Jahrhundert hinauf klettern, die oberhalb der Stadt liegt und besonders pittoresk ist.**

Bei Francisco Martin und seinem Sohn Miguel gegenüber gibt es köstlichen Schinken aus Andalusien, der Heimat der beiden und auch der besten Schinken. Davon kann man sich auch beim Probieren überzeugen und probiert wird an allen Ständen reichlich.

Es ist ein sehr mediterranes Markttreiben und dazu gehört auch, dass hier gehandelt wird. Man muss ein wenig feilschen, um das beste Angebot zu bekommen und bis alle glücklich sind. Das ist hier so. Und wenn man nach all dem Probieren noch Appetit auf ein paar Tapas bekommt, bieten sich zwischen den eng aneinander stehenden Ständen, parlierenden Ortspolizisten, den schnatternden Hausfrauen und emsigen Marktbetreibern mannigfaltige Möglichkeiten zur Einkehr.

Wochenmarkt Andratx · Mi unterhalb der Kirche, 8–14 Uhr
der Markt ist aus Richtung Palma und Port d'Andratx ausgeschildert

36 Moderne Kunst im CCA Andratx

Das CCA in Andratx ist das größte Zentrum für zeitgenössische Kunst auf Mallorca und mit seinen 4000 Quadratmetern Ausstellungsfläche eines der größten in Europa. Die Kunstgalerie zeigt Bilder, Skulpturen, Installationen, Grafiken und Fotografien internationaler und lokaler Künstler, von denen einige auch zum Verkauf stehen.

Ein Team von Kuratoren organisiert drei bis vier internationale Ausstellungen jährlich, die eine große Bandbreite von Projekten und künstlerischen Experimenten zeigt. Das CCA wurde 2001 von Jacob und Patricia Asbaek ins Leben gerufen und mit Leidenschaft aufgebaut. Das *Artist in Residence Program* ermöglicht ausgewählten nationalen und internationalen Künstlern, ihre Werke in einem von vier Studios des CCA über einen Aufenthalt von bis zu sechs Wochen zu realisieren. Das Zentrum wird somit gleichzeitig zu einer Produktionsstätte. Die so entstandenen Projekte werden dann im Rahmen von Einzelausstellungen der Künstler präsentiert.

Das Gebäude im minimalistischem Stil, kombiniert mit Elementen traditioneller Architektur, ist alleine schon beeindruckend und perfekt in die herrliche, üppige Landschaft einfügt. Die großen Ausstellungsräume bieten die optimale Plattform für die hier stattfindenden Kunstausstellungen und -präsentationen. Das CCA ESPAI ist eine neuer Raum im Haus, der den Künstlern gewidmet ist, die selbst auf den Balearen leben. In diesem Zusammenhang werden auch jährlich vier Einzelausstellungen präsentiert, die sich über alle Bereiche der zeitgenössischen Darstellungsformen erstrecken.

▶ **Führungen werden in Deutsch, Spanish, Englisch und Holländisch angeboten und das Areal verfügt über kostenloses WLAN. Der Eintritt ist außerdem frei.**

Der obligatorische Museums-Shop bietet eine abwechslungsreiche und interessante Auswahl an Designprodukten, Kunstbüchern und internationalen Magazinen, und von der Terrasse aus hat man einen schönen Blick auf die umliegenden Berge. Der Innenhof schenkt einen Moment Ruhe inmitten der vielen Kunst, die nur vom Klang des Springbrunnens unterbrochen wird.

CCA Andratx · Carrer Estanyera, 2 · 07150 Andratx, Mallorca · Tel. +34 971/13 77 70 ·
www.ccandratx.com

Ein Fischrestaurant für Verliebte

Das Fischrestaurant mit dem schönsten Meerblick der Insel ist sicherlich das »Cala Conills«. Die ehemalige Fischerkneipe, die in einer natürlichen Bucht an der südwestlichsten Spitze Mallorcas liegt, ist ein Platz für Genießer, Segler und Freunde einmaliger Plätze – und dies ist einer.

Am allerbesten lässt sich das Restaurant vom Boot aus mit dem hauseigenen Bootsshuttle ansteuern, um dann erst einmal kurz in den Süßwasserpool auf der Terrasse zu springen. Aber auch der Landweg zu der etwas abgelegenen Bucht ist die Reise wert, und aus allen Richtungen steuern genusssüchtige Insulaner und weitgereiste Urlauber die Oase am Meer an.

Um den Pool herum kann man auf Liegen sonnenbaden, um sich dann einem ausgiebigen Lunch zu widmen und den immer wieder grandiosen Panorama-Weitblick auf sich wirken zu lassen. Das »Cala Conills« ist ein Platz für Genießer.

Unter dem Oberkellner Jaime, der fast seit 20 Jahren dabei ist, funktioniert der Service in dem immer ausgebuchten Restaurant erfreulich »unmediterran« und auch an die Kaltgetränke für die Bootscrew auf den Swimmingpool-Liegen wird gedacht. Um auf der überdachten Terrasse die einmalige Fischplatte oder den fantastischen *Lubina a la sal* (Wolfsbarsch in der Salzkruste) zu genießen, sollte man unbedingt vorbestellen. Ein- bis dreimal die Woche gibt es sogar saftiges Spanferkel aus dem Ofen oder spezielle Steaks von Bio-Angusrindern für die Fleischfreunde unter den Gästen.

Einmal angekommen bleiben viele Gäste noch bis zur Abenddämmerung, um in dieser wunderschönen Atmosphäre das restauranteigene Naturschauspiel zu sehen: den vielleicht schönsten Sonnenuntergang der Insel und einige beschwören, bestimmt des Mittelmeers. Glutrot versinkt der Sonnenball hinter der gegenüberliegenden Insel Sa Dragonera, der Dracheninsel – aber nur, um am nächsten Tag wieder fröhlich auf einen der schönsten Plätze Mallorcas zu scheinen. Das »Cala Conills« ist ein Platz für Romatiker, Naturverliebte und Verliebte sowieso.

Cala Conills · Calle Cala Conills, s/n · 07159 Sant Elm, Mallorca · Tel. +34 971/23 91 86
www.calaconills.com

Der Energiepunkt
der Insel

Das hübsche ländliche Dorf Galilea, tief inmitten des südwestlichen Tramuntana-Gebirges, gehört zusammen mit dem Galatzó-Gipfel für die Esoteriker und spirituellen Inselbesucher zum Energiepunkt Mallorcas. Hier lässt sich wunderbar die Landschaft der Insel genießen.

Die Anfahrt ist ein kleines Abenteuer, denn die schmale Bergstraße windet sich über unzählige Serpentinen langsam hinauf. Die Fahrt führt vorbei an Orangenbäumen, durch ein grünes Tal und immer dünner besiedelte kleine Ortschaften bis man schließlich am Fuße des Galatzo-Berges das kleine malerische Dorf Galilea erreicht. Das ruhige und abgelegen Bergdorf besteht aus ungefähr 300 Häusern und gehört zur Gemeinde von Puigpunyent. Der kleine Ort liegt am Fusse der Ausläufer der Serra de Tramuntana. Die imposante Bergspitze des Puig de Galatzo, die Mola de na Ferrana, liegt 560 Meter über dem Meer und wirft ihren Schatten auf die liebevoll angelegten Beete und Gärten des Dorfes. Das Bergdorf liegt auf zirka 460 Metern Höhe und verfügt erst sei 2008 über ein der Neuzeit angemessenes Wassersystem.

Bis auf einige Wanderer verirren sich selten Urlauber in den fernab vom Tourismus liegenden verschlafenen Ort. Aufgrund seiner isolierten Lage bietet dieser Inselfleck einen perfekten Ausgangspunkt für eine ruhige Erkundung des Dorfes oder, um eine Bergtour zu unternehmen inmitten der ursprünglichen und außergewöhnlichen Landschaft. Die Gebäude des Dorfes ziehen sich terassenförmig den Hang hinauf, umgeben von üppiger Mittelmeervegetation. Überall sieht man Boigainvilleas, Pinien und Palmen. Das Zentrum liegt rund um eine kleine Kirche auf einem Hügel, von dem man einen herrlichen Ausblick über die Insel und das tiefblaue Mittelmeer hat. Hier sieht man noch weniger Einwohner als sonst in spanischen Dörfern, und manchmal sind die ein bis drei Hunde, die auf dem Hügel in der Sonne liegen, die einzigen Einheimischen, die zur Begutachtung zur Verfügung stehen.

Wanderung zum Puig de Galatzó · Start in Galilea am Fuße der Serra de Tramuntana · 07195 Galilea

Wandern zwischen Olivenbäumen

Diese malerische Wanderung fängt in Valldemossa an und führt entlang kleiner Pfade, pittoresker Dörfer und mediterraner Bauten zum fast italienisch anmutenden Strand des Künstlerdorfs Deià weiter nach Llucalcari. Von Valldemossa geht es zuerst zum nahen Kloster Ermita de la Trinidad, das 1705 erbaut wurde.

Von der Hauptstraße Richtung Deià führt rechts ein ausgeschilderter Weg zum oberhalb gelegenen Kloster. Nach einem kurzen Aufstieg hat man das Ziel erreicht: ein kontemplativer Platz der Ruhe mit einem fantastischen Panoramablick. Anstatt jetzt gleich weiter Richtung Deià zu gehen – wenn man an der Kreuzung Son Moragues in Richtung Banyalbufar gehen würde – nimmt man die Straße, die hinunter zum Hafen von Valldemossa führt. Dort kann man den kurzen Abstecher nutzen, um an dem kleinen Kieselstrand ein erfrischendes Bad nehmen.

Auf dem danach folgenden Weg nach Deià bietet sich eine Pause am Aussichtspunkt von Son Marroig an. Der Mirador des Herrenhauses Son Marroig, das dem damaligen Großgrundbesitzer der Insel, dem östereichischen Erzherzog Ludwig Salvator, gehörte, sieht aus wie aus einer Bühnendekoration entliehen und bietet eine fürwahr bühnenreife Aussicht über die gesamte Küste und auf Sa Foradada, eine vorgelagerte Halbinsel. Es war der Lieblingsort des Erzherzogs und großen Mallorca-Liebhabers und einer seiner bevorzugten Schreibplätze. Man kann es sich vorstellen.

Weiter geht es nach Deià und nachdem man die charmante Künstler-Hochburg mit ihren verwinkelten Gassen erkundet hat, sollte man am kleinen Strand des Dorfes noch unbedingt in die kristallklaren Fluten springen und in dem in die Klippen gebauten fabelhaften Fischrestaurant einkehren.

Das klitzekleine, verwinkelte Dorf Llucalcari ist nur ein kleines Stück von Deià entfernt und das wohl meistfotografierte Vorzeigedorf der Ecke. Die wenigen, gepflegten Bilderbuchhäuser sind von dichtem Pinienwald und völliger Ruhe umgeben. Es ist ein bisschen Gekletter, aber auch hier, zwischen Pinien und Felswänden gibt es einige herrliche Buchten zum Schwimmen.

Wanderung von Valldemossa nach Deià · Serra de Tramuntana
07170 Valldemossa · 07179 Deià

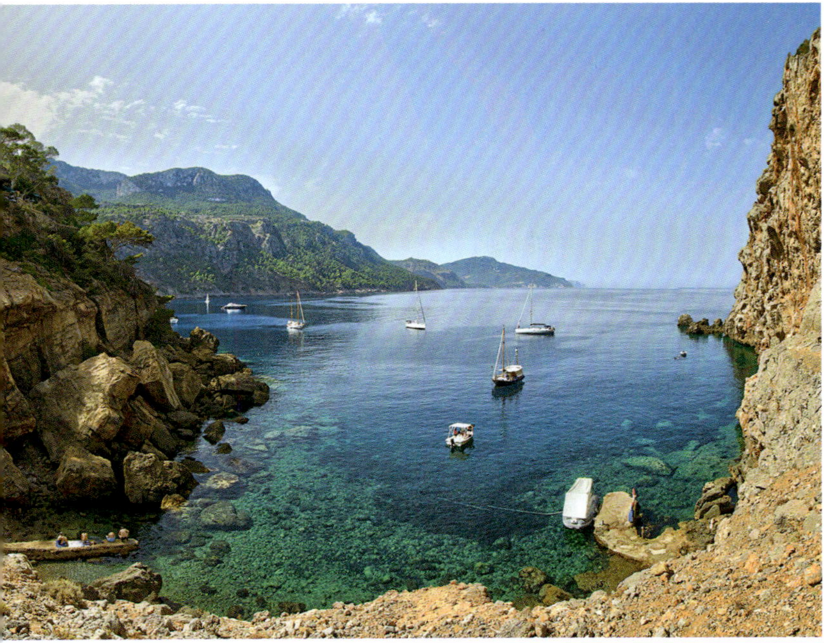

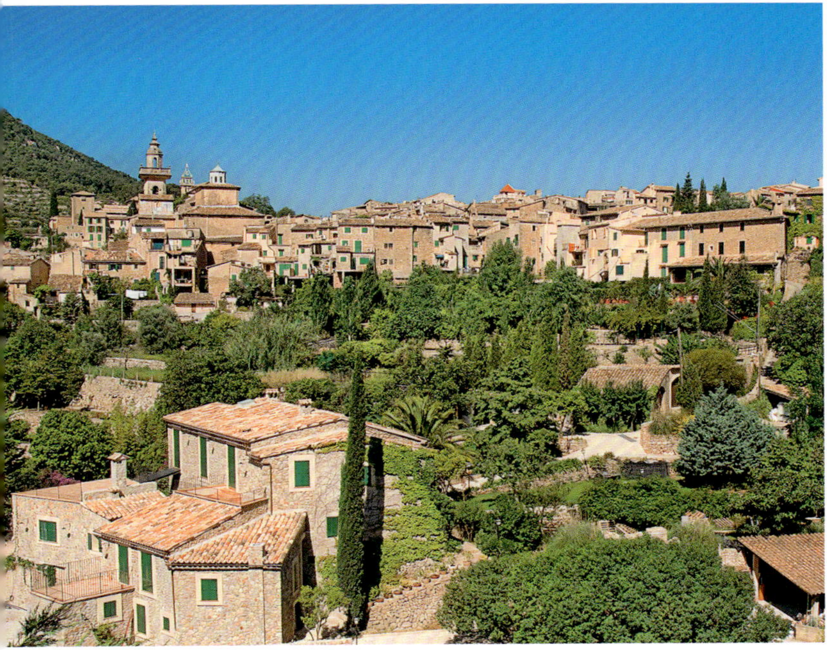

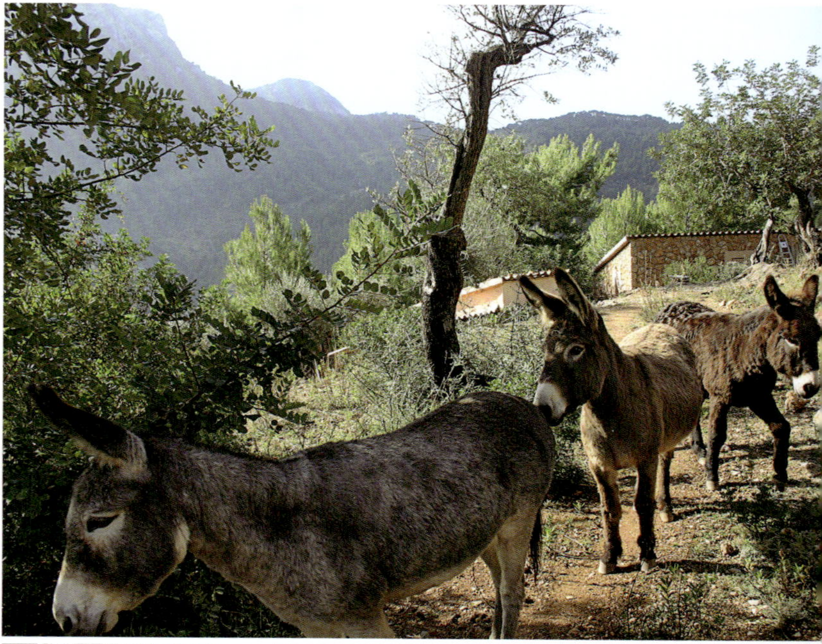

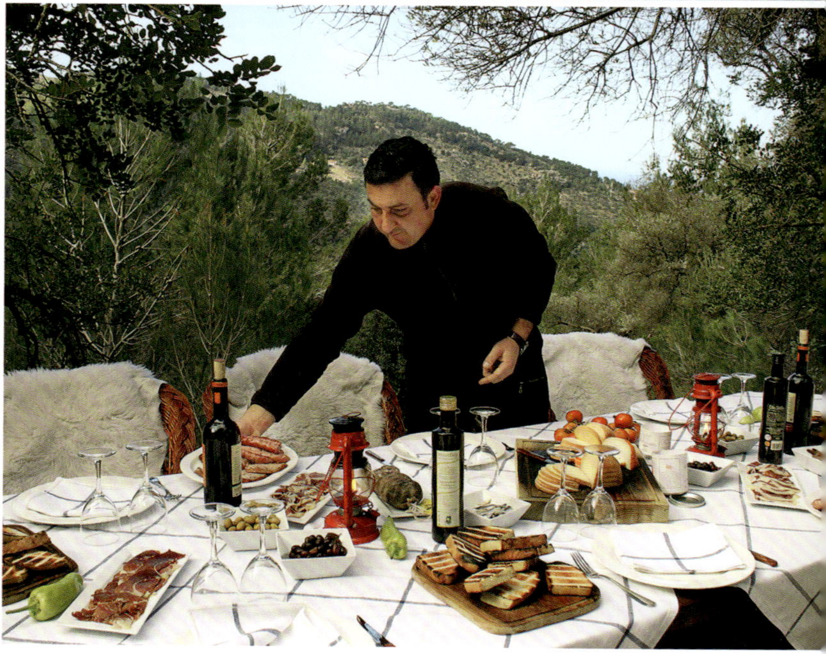

Ein Picknick
mit Eseln

40

Wer ein einmaliges und unvergessliches Lunch-Vergnügen auf Mallorca erleben möchte, sollte unbedingt ein Gourmet-Picknick des Hotels »La Residencia« buchen, inmitten der pittoresken Berglandschaft oberhalb von Deià mit Aussicht auf das Meer – zusammen mit den hauseigenen Eseln.

Sabrina ist der Hotelführer und die Gruppe besteht normalerweise aus drei Paaren und drei gutgelaunten Eseln – den eigentlichen Protagonisten dieses Picknicks. Alle lieben Esel und sie werden gestreichelt, bewundert, angelächelt und in den immer wieder neuen Sprachen in Gespräche verwickelt.

Der Weg hinauf zum Zielort dauert etwa 30 Minuten und Freiwillige dürfen die Esel führen. Das wollen fast alle, was bedeutet: abwechseln. Es geht los durch Olivenhaine und Pinienwälder mit dem herrlichen Blick zurück auf Deià und auf das weite Meer. Der Weg ist steinig aber nicht zu anstrengend und es werden genügend Rastpausen eingelegt, um nicht außer Atem zu kommen, während Sabrina die Landschaft erklärt.

Die Picknick-Plattform liegt stilvoll vor einer alten Schäfer-Steinhütte. Auf dem Steintisch liegt eine Leinentischdecke, die Stühle sind mit Schaffellen bedeckt. Der Koch Lorenzo ist bereits vor Ort, um die Teller bereitzustellen und die Gäste mit Bier, Wein und Wasser zu versorgen. Im Inneren der Hütte brennt ein Kaminfeuer, um das Essen zuzubereiten. Das Lunch »al fresco« ist dem Ruf des alteingesessenen Luxushotels »La Residencia« angemessen.

Es gibt eine fabelhafte Auswahl an Serrano-Schinken, Käse, Oliven, Seegras-Salat, Brot mit Olivenöl, mallorquinischer Pizzas und Pasteten und nebenbei noch einen Kurs im Zubereiten des traditionellen *Pa amb oli* (Brot mit Knoblauch und Tomaten). Dazu gibt es die besten Weine und zum Abschluss das hausgemachte Schmalzgebäck *Ensaïmada* mit Vanillecreme, Zigarren und *Hierbas*, ein malloquinischer Kräuterlikör; und für die drei Esel Karotten und vielleicht noch die ein oder andere Pastete.

Hotel La Residencia · Carrer son Canals, s/n · 07179 Deià, Mallorca · Tel. +34 971/63 90 11
+34 971/63 60 46 (Reservierung) · www.hotellaresidencia.de

41 Deià und sein Held
Robert Graves

Der Dichter und Schriftsteller Robert Graves (1895–1985) lebte von 1929 bis zu seinem Tod in Deià und ist mit der Insel und dem Künstlerort bis heute untrennbar verbunden. Er wurde zu einem bekannten Chronisten der inseltypischen Kultur, und den Eigenheiten und Schrullen der Einheimischen.

Der englische Dichter und Autor besuchte Mallorca das erste Mal mit seiner Geliebten Laura Riding und kehrte1946 mit seiner zweiten Frau zurück. Musen folgten, Freunde aus aller Welt kamen, um zu bleiben und ehe man es sich versah, hatte das Dorf Deià den Ruf eines internationalen Künstlertreffpunkts. Das ist bis heute so geblieben. Sein Wohnsitz in Deià wurde später von der Robert-Graves-Stiftung übernommen und ist seit dem Sommer 2006 auch öffentlich für Besucher zugänglich.

Mit seiner damaligen Gefährtin Laura Riding baute Robert Graves das Haus im Jahre 1932 und sie nannten es Ca N'Alluny (»das Haus in der Ferne«). Es liegt fünf Minuten zu Fuß von Deià entfernt. Hinter dem Haus, welches auf das Mittelmeer blickt, erheben sich die Berge. Im Jahre 1934 erschien sein größter Erfolg, *I, Claudius*, mit dessen Hilfe er auch die Hypothek auf das Haus beglich. Nach den langen und ereignisreichen Inseljahren fand der Autor auch im Ort seine letzte Ruhe.

▶ **Das Grab des Autors, eine einfache Steinplatte, liegt auf einem besonders malerischen Friedhof auf dem Hügel neben der Kirche. Hier sind auch einige andere interessante Künstler-Ruhestätten.**

Das Haus wurde von der Stiftung behutsam restauriert. Man orientierte sich dabei an dem Stil der 40er-Jahre des vorigen Jahrhunderts. Es sieht so aus, wie es Graves nach seiner Rückkehr nach Mallorca mit seiner neuen Familie im Jahre 1946 vorfand. Das gesamte Mobiliar und die Dekoration sind unverändert. Dadurch hat das Haus seinen ganz besonderen Charakter bewahrt. Bei der Besichtigung kommt es einem fast so vor, als ob Graves sich selbst nur kurz aus dem Haus entfernt hätte, um sich in der kleinen Bucht abzukühlen oder um im Dorf seine Post abzuholen.

La Casa de Robet Graves · Carretera Deià a Sóller, s/n · 07179 Deià, Mallorca
Tel. +34 971/63 61 85 · www.lacasaderobertgraves.com

Regionale Delikatessen aus Sóller

»Fet a Sóller« (made in Soller) ist ein kleiner Laden am Plaça del Mercat in Sóller mit den besten Qualitätserzeugnissen Mallorcas und des goldenen Tals von Sóller, einem malerischen Ort im Tramuntana-Gebirge: weltbeste Olivenöle, Weine, Mandeln, Oliventapenade und das fantastische Flor de Sal.

Alle Produkte werden regional von kleinen Bauern und Familienbetrieben hergestellt mit besonderem Schwerpunkt auf Nachhaltigkeit. Sogar die Stoffdeckchen der Marmeladen werden in der ehemals stillgelegten alten Weberei aus Franco-Zeiten im Ort gewebt, an denselben Maschinen, die damals Hemden für die Armee herstellten.

Alle Zutaten, die hier den Weg in die sorgfältig und nach alten Rezepten hergestellten Erzeugnisse finden, werden ökologisch angebaut und verarbeitet. Die Marmeladen werden beispielsweise in der lokalen Behindertenwerkstatt Estel Nou rein manuell hergestellt und verbinden somit soziales Engagement mit der Garantie für beste Qualität aus dem »Garten Mallorcas«.

Und die Gartenvielfalt ist riesig: Hier gibt es unter anderem Konfitüren aus Kaktusfeigen, Misteln, Granatäpfeln, Melonen und Tomaten und natürliche jede Menge Zitronen- und Orangenkonfitüren. »Sa Fàbrica de Gelats« stellt außerdem das köstlichste Eis der Insel her und auch andere Spezialitäten wie das *Flor de Sal* (handgeschöpftes Meersalz in vielen Aromaversionen), feinste Wurstwaren oder Oliven gibt es zu kaufen.

Der Laden liegt dann auch gleich an den Schienen der historischen Straßenbahn von Sóller und neben der Eisfabrik. Als der deutsche Einwanderer und studierte Süßwarenspezialist Franz Kraus vor 20 Jahren nach Mallorca kam und später »Fet a Sóller« gründete, war er ein Pionier der traditionellen und nachhaltigen Landwirtschaft. Damals wurden noch 80 Prozent der Orangen und Zitronen ungenutzt auf dem Inselboden liegen gelassen. Heute ist die Lieferung der Produkte durch den hauseigenen Onlineshop sogar europaweit möglich. Dorftradition trifft Fortschritt.

Fet a Sóller · Avinguda de Cristòfol Colom, 15 · 07100 Sóller, Mallorca
Tel. +34 971/63 19 98 · www.fetasoller.com

Flor de Sal
Llimona
Pura sal marina

Fet a
Sóller

Wertvollste Salzblume   The most valuable sea salt

Magische Segeltörns
im Sonnenuntergang

43

Nichts ist schöner, als an einem Sommertag die Segel zu setzen und von Mallorca aus in See zu stechen. Unkompliziertes Segeln, entspanntes Bordleben und wunderschöne Landausflüge für einige Stunden, einen halben Tag oder eine längere Reise – das alles bietet »Mezzo Magic« an der malerischen Nordwestküste Mallorcas.

Der Segelflotte stehen mehrere Boote zur Verfügung, unter anderem »Bénéteau« und »Bavaria«, von neun bis 15 Meter, und bei den beiden erfahrenen Inselskippern Chris und Mark kann man sogar Segelunterricht nehmen, ob nun als Anfänger oder zur Auffrischung. Es können auch Törns zu den Nachbarinseln, Sonnenuntergangs- und Delfintouren organisiert werden. Während der Mallorcatouren besteht die Möglichkeit zu einer der im Nordwesten gelegenen Buchten zu segeln, um hier in versteckten Restaurants zu essen, zu wandern oder zu schnorcheln. Schildkröten, fliegende Fische und Seevögel sind dabei immer inklusive.

Beliebt ist die Strecke zum Restaurant »Sa Foradada«, mit herrlicher Aussicht auf Port Valldemossa und Sa Dragonera im Südwesten. Die Küste ist aufgrund der unberührten Natur und ihrer Schönheit von der UNESCO zum Weltnaturerbe erklärt worden, und in dem kleinen ausgezeichneten Restaurant oberhalb der Bucht in den Klippen ist man häufig fast allein. Die Eigentümer kochen hier seit über 40 Jahren ohne Elektrizität auf offenem Feuer einfache aber köstliche Paellas und einfache Gerichte, serviert von Tochter Lidia. Es gibt Höhlen zum Schwimmen und Natur, Natur, Natur.

Die am einsamen Strand gelegene Bucht Cala Tuent ist ein anderes beliebtes Ziel der Crew. In einer kleinen Hütte lebt dort der ein wenig an Robinson Crusoe erinnernde Einheimische Tony und bewirtet die Gäste mit kalten Drinks und frisch gefangenem Fisch. Oder man macht einen Schlag raus zum kleinen Cala Deià, wo man in der an eine italienische Bucht erinnernden Atmosphäre zum ausgezeichneten Restaurant »Ca's Patrò March« übersetzen kann. Eine Aneinanderreihung schöner Ferientage- und Segelabenteuer.

Mezzo Magic · Tel. +34 606/82 69 66 · 07100 Port de Sóller, Mallorca
www.mezzomagic.co.uk

44 Die Pflanzenwelt der südlichen Inseln

Sóllers botanischer Garten ist das Himmelreich aller botanischen Freunde und Enthusiasten. Der botanische Garten ist auf dem Anwesen Camp d'en Prohom in einem Außenbezirk von Sóller untergebracht, und sein Hauptziel ist es, bedrohten und seltenen mediterranen Arten einen Lebensraum zu geben.

Der botanische Garten von Sóller vereint traditionelle und moderne Architektur zusammen mit Pflanzen zu homogenen Landschaften und es ist eine Pracht, sich hier umzuschauen. Auf den terrassenförmigen Anlagen gibt es unter anderem Pflanzen aus Sizilien, von den Kanarischen Inseln, Malta, Kreta, Sardinien und natürlich den Balearen. Zwischendurch sind in all den Beeten und Pflanzengruppen auch immer wieder moderne Skulpturen oder unerwartete Kunstwerke in die Landschaft integriert und machen den Rundgang zu einem besonderen ästhetischen Erlebnis.

▶ **Über das Jahr bietet der Garten viele Kurse und spezielle Workshops für Interessierte und Laien.**

Es gibt hier Pflanzen, die traditionell speziell zu medizinischen Zwecken verwendet werden oder besondere aromatische Gewächse oder Gewürze im Herbarium. Die Pflanzen sind nach ihrem ökologischem Nutzen und Einsatzzwecken und nach ihrer Herkunft übersichtlich geordnet.

Man lernt, wie Wüstengewächse Wasser speichern und was Wachs und Haare in der Botanik zu suchen haben. Die ökologische Farm und ein Obstgarten sind Teil des Jardí Botànic mit dem Ziel der Erhaltung alter traditioneller Gemüse- und Fruchtarten. Eine unendliche Vielfalt an Pflanzen aus aller Welt findet sich auf dem Areal, und es wird hier die größte Sammlung wilder Pflanzensamen Spaniens beherbergt.

Das botanische Institut Fundació Jardí Botànic de Sóller wurde 1997 gegründet. Sein Hauptsitz befindet sich in dem schönen historischem Gebäude von 1906, das auch zum Anwesen gehört. Das Institut ist das Zentrum für die hier betriebenen Studien und Forschungen und umfasst Laboratorien, die Bibliothek und die Pflanzensamenbank.

Fundació Jardí Botànic de Sóller · Carretera Palma – Port de Sóller, km 30,5 · 07100 Sóller, Mallorca · Tel. +34 971/63 40 14 · http://jardibotanicdesoller.org

45

Eine Hommage an die Orange

Die Gemeinde Sóller mitten in der Serra de Tramuntana lädt alljährlich für zwei Wochen im Juni zu dem weit über Mallorca hinaus bekannten Orangenfest Jornades de la Taronja ein. Hier bieten zahlreiche Restaurants und Hotels kulinarische Highlights rund um die Orange an.

Das versteckte Tal von Sóller zelebriert dann gebührend den eigentlichen Star dieser Region: die Orange. Aufgrund des Mikroklimas und der ausreichenden Wasserversorgung im Tal wachsen hier die allerbesten Zitrusfrüchte. Seit die Mauren mit ihren ausgeklügelten Wassersystemen jeden Tropfen Wasser auffingen, ist das Tal das fruchtbarste der Insel.

Anfang des letzten Jahrhunderts begründete sich Sóllers Wohlstand auf den Orangen und den Seidenraupen. Das Geld ermöglichte dann auch den Bau einer Eisenbahn zum Abtransport der Waren. Während die Seidenraupen lange verschwunden sind, sind die Orangen immer noch da. Sie gerieten in den letzten Jahrzehnten jedoch in Vergessenheit, da sie schon lange nicht mehr weltweit exportiert werden.

▶ **Für 35€ pro Person kann man von Palma aus mit der Nostalgiebahn »Roter Blitz« nach Sóller und danach mit der Straßenbahn nach Port de Sóller fahren. Der Preis enthält auch ein Menü in einem der teilnehmenden Restaurants.**

Um das zu ändern und der süß-saftigen Talattraktion wieder die Aufmerksamkeit zu verschaffen, die sie verdient, wurde das Orangenfest ins Leben gerufen. Jedes Jahr im Juni dreht sich hier zwei Wochen lang alles um die Orange. Es gibt Orangen-Statuen auf dem Hauptplatz und Orangen-Stände mit Delikatessen in den Straßen. Über 20 Restaurants und Hotels schließen sich der Promotion an mit köstlichsten Menüs zu Sonderpreisen – Hauptzutat sind natürlich Orangen.

Teil des Festes ist ein Wettbewerb, der den lokalen Bauern auszeichnet, der am meisten für die Orange getan hat oder die innovativste Idee umgesetzt hat. Einer der Favoriten letztes Jahr war Pep Pomegranate – allein schon des Namens wegen.

Jornades de la Taronja · Jedes Jahr im Juni · 07100 Port de Sóller, Mallorca
www.soller.es

Die Schlacht gegen die maurischen Piraten

Jahr für Jahr, in schöner Regelmäßigkeit am Montag nach dem zweiten Maiwochenende, wird in Sóller eine Schlacht zwischen maurischen Piraten und Dorfbewohnern nachgestellt. Jener Tag des 11. Mai 1561, an dem es der Legende nach 400 todesmutigen Bauern gelang, den Angriff von 1700 maurischen Piraten abzuwehren.

Diese Heldentat ihrer Vorfahren wird zum Anlass genommen, alljährlich das ausgelassene Dorffest Es Firó zu feiern. Und es wird gefeiert. Die Dorfbewohner teilen sich naturgemäß in zwei Lager. Die Bauern und die Piraten. Weißer Halbmond auf den Flaggen der Piraten, rotes Kreuz auf denen der wehrhaften Landbevölkerung. Schwarzpulver für beide und in großen Mengen aus dem Rathaus. Hieraus werden nämlich Böller, Knaller und Salvenschüsse hergestellt, die während der tumultartigen Auseinandersetzungen im Sekundentakt explodieren. Eine Freude vor allem für die jüngeren Sóllerics und für die ganz alten, die ohnehin nicht mehr so gut hören.

Die eigentliche Schlacht geht dann im Hafen weiter und die weibliche Dorfjugend in ihrer herrlichen Tracht singt lautstark: *Volem pagesos, pagesos ben plantats* (»Wir wollen gut gewachsene Bauern«). Damit ist die Marschrichtung klar. Der vorgegebene Schlachtverlauf mit dem immer vorherbestimmten Ausgang nimmt feuchtfröhlich seinen Lauf, was zum einen am Meerwasser liegt, wo die Kämpfe weitergehen, und zum anderen sicherlich auch an alkoholischen Getränken wie Bier und *Hierbas* (Kräuterlikör), die in Strömen fließen.

Die schwarz angemalten Mauren versuchen vor allem die weißhäutigen Mädchen mit Farbe zu ihresgleichen zu machen und auch die eine oder andere unschuldig dabeistehende Urlauberin kann der Farbangriff treffen.

Den feierlichen Höhepunkt bietet gegen 21 Uhr die finale Schlacht vor der Kirche von Sóller, in der die Piraten dann endgültig besiegt werden. Danach stimmen die Bauern *La Balanguera*, die Hymne Mallorcas, an – und feiern bis in die Morgenstunden mit den ewig besiegten Mauren.

Es Firó · Jeden Montag nach dem zweiten Maiwochenende
07100 Sóller

Zurück in die Zeit des Jugendstils

Sóller war zu seiner Blütezeit eine Hochburg des Jugendstils, oder des Modernismo, wie er in Spanien genannt wurde. Als besonderes Beispiel dieser Epoche und Stilrichtung gilt das Jugendstilgebäude Can Prunera, das von 1909 bis 1911 erbaut wurde und als besonderes Kulturgut unter Denkmalschutz steht. Heute ist es Museum.

Die meisten ausgestellten Stücke gehören heute der Fundació d'Art Serra, einer Stiftung der Eisenbahngesellschaft von Sóller, die das Stadthaus in ein Museum umwandelte und 2009 wieder für das Publikum öffnete. Bei der Restaurierung des Jugendstil-Anwesens wurde größter Wert auf den Erhalt aller architektonischen Stilelemente und Verzierungen gelegt.

Im Erdgeschoss und im ersten Stock findet man originale Möbel aus der Zeit des Jugendstils: herrliche Tische, Stühle, Betten, Schränke und Kommoden, außerdem Gemälde und Skulpturen. Im zweiten Stock kann man eine ständige Sammlung zeitgenössischer Kunst spanischer wie auch international renommierter Künstler finden. Besonderes Gewicht haben dabei lokale Künstler oder solche, die einen besonderen Bezug zu den Balearen haben.

Can Prunera hat zudem Säle für Sonderausstellungen und eine Kunstbibliothek, in der von Joan Miró illustrierte Bücher ausgestellt werden. Das Erdgeschoss hat einige Räume Juli Ramis gewidmet, einem Maler aus Sóller, der sich auf Kubismus und abstrakte Werke spezialisiert hat. Im wunderschönen Garten kann man die reichverzierte Außenfassade und die dort ausgestellten Skulpturen besichtigen.

Das prächtige Stadthaus zeugt vom Wohlstand und der Blüte, die das Tal von Sóller in dieser Zeit erlebte. Reliefs mit mehrfarbigen Fresken, kunstvolle Verglasungen, das Mobiliar und architektonische Elemente wie etwa die eindrucksvolle Wendeltreppe und die Jugendstilfassade sind sowohl für Architekturliebhaber als auch für Interessierte der Geschichte der Stadt sehenswert. Das Nebeneinander von Kunst und der historischen Umgebung ist besonders reizvoll.

Can Prunera Museu Modernista · März–Okt. 10.30–18.30 Uhr · Carrer de Sa Lluna, 86–90 07100 Sóller, Mallorca · Tel. +34 971/638 973 · www.canprunera.com

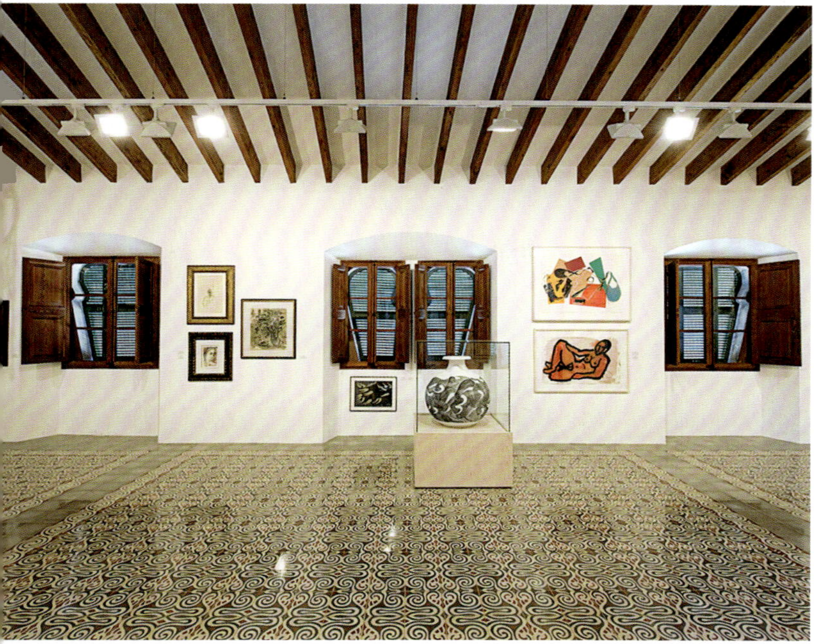

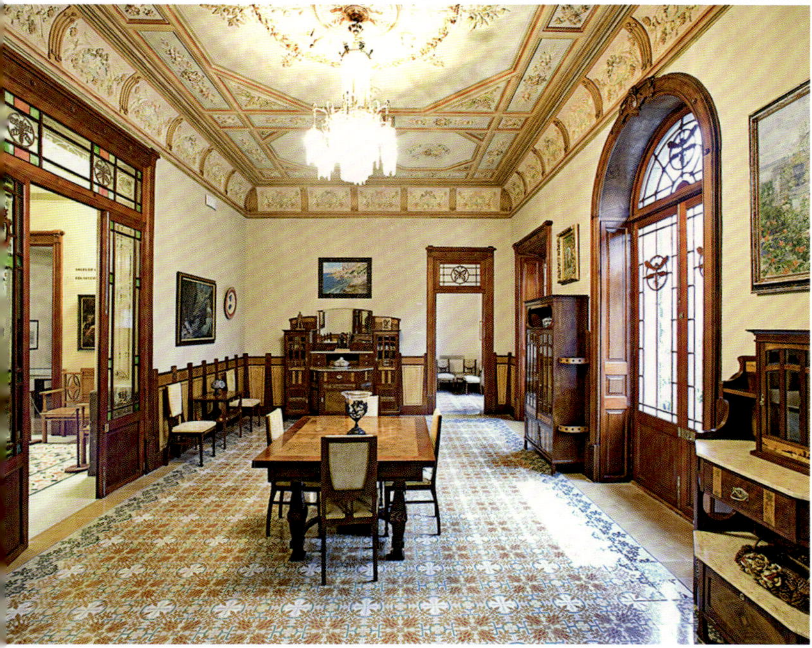

Übernachten in einem historischen Herrenhaus

48

Das Hotel »Muleta de Ca S'Hereu« liegt mitten in der Serra de Tramuntana im Nordwesten Mallorcas ganz oben auf einem Berg über Port de Sóller mit unvergesslichem Ausblick auf das Tal und das Meer. An diesem einzigartigen magischen Platz ist man wie in einer anderen Welt. Einfach »on top of the world« und mitten im Wanderparadies.

Das historische Herrenhaus mit Bauelementen, die bis 1672 zurückdatiert wurden, ist ein Paradies für Naturliebhaber, Ruhesuchende und Romantiker. Das Haus atmet Geschichte und wird von der Inhaberin Francisca liebevoll, warm und herzlich geführt. Es gibt hier nur acht Zimmer, umgeben von tausendjährigen Olivenbäumen und Waldgebieten auf 400 000 Quadratmetern Land. Auf zwei großzügigen Terrassen befindet sich auch ein Swimmingpool mit ebenso fantastischer Aussicht. Das Anwesen bietet Erholung und Entspannung pur.

Dies und die abenteuerliche Straße hoch zu diesem Bergparadies sind dann auch der Grund, warum die meisten Gäste während ihres Aufenthalts das riesige Areal kaum verlassen und wenn doch, dann nur, um eine der drei empfohlenen Wanderungen durch die prachtvolle umgebende Natur zu unternehmen. Etwa 50 Meter oberhalb des Hauses befindet sich der Königsweg, der damals wie heute von Port de Sóller nach Deià führt. Sollte einen der Weg doch einmal in die »Zivilistaion« führen: Der Strand ist 1,5 Kilometer entfernt und Sóller drei Kilometer.

Neben der Eigentümerin und dem freundlichen Team gibt es noch den schläfrigen Haushund Grog, einen neugierigen Esel und eine kleine Herde freundlicher Ziegen, deren Glockengebimmel schon morgens in die schönen, im mallorquinischen Stil eingerichteten Zimmer klingt.

Das Essen dieses ökologisch geführten Hauses ist ebenso authentisch wie das leicht salzige Leitungswasser, die historische Tafona (Ölpresse) und die kleine Kapelle. In denen zum Restaurant umgebauten ehemaligen Stallungen gibt es traditionelle Gerichte der regionalen Küche mit superfrischen saisonalen Produkten.

Muleta de Ca S'Hereu · Camp de Sa Mar s/n · Platja d'en Repic · 07108 Port de Sóller, Mallorca
Tel. +34 971/18 60 18 · www.muletadecashereu.es

Tiefseefischen an Mallorcas Küsten

49

Man muss nicht in die Karibik zum Sportfischen. Ungefähr 20 Seemeilen von Mallorcas Nordküste entfernt gibt es einige der besten Fischgründe für Blauflossen-Thunfische im Mittelmeer mit beinahe garantierter Fanggarantie, denn die Skipper an Bord kennen ihr Revier und die besten Fischgründe rund um die Insel.

Die speziell für das professionelle Sportfischen ausgerüsteten Boote haben unter anderem 30 Pfund Shimano-Tiagra-Angeln, 20 Pfund Shimano-Tiagra-Rollen und 30 Pfund Nylon an Bord – eine Ausstattung, die das Herz eines jeden Fischers oder Sportanglers höher schlagen lässt.

Die Fahrt mit einem der leistungsstarken Fischerboote der Fischflotte startet in Port de Sóller. Nach zwei Stunden Fahrt gelangt man in die fischreichen 1000 Meter tiefen Fischgründe zwischen Mallorca und Menorca. Jetzt heißt es unter Anleitung der Bordcrew die Angeln auszuwerfen, die Gurte zu spannen, und der Wettstreit mit der See kann beginnen. Eine Bordregel heißt: Wenn einer anbeißt, kommen normalerweise noch zwei bis drei mehr.

Unter den Fischen der Meeresgründe um Mallorca gibt es Schwertfische und Marline. In den steinigen Gründen leben Zackenbarsche, Skorpionfische, Goldmakrelen, Wolfsbarsche, Meeraale und Muränen und begehrte Speisefische wie Seebarsche, Doraden und Zahnbrassen. Es gibt die Möglichkeit eines dreistündigen Küstenfischens am Nachmittag oder eines ganztägigen Angel- und Freizeitausflugs. Auch mehrtägige Trips nach Menorca oder Ibiza und Formentera gehören mit zum Angebot, und es wird sich um alles gekümmert. Catering und Spaß inklusive.

Der größte Fang wird hier in den frühen Morgenstunden eingeholt. Danach geht es zum entspannten Cruisen und Schwimmen zur Küste und zum Lunch in ein Restaurant am Meer zum Fischessen. Wenn man möchte, wird hier auch der eigene Fang zubereitet. Die Fische können natürlich auch mitgenommen und dann zurück am Strand gegrillt werden. Fisch und Seefahrerromantik satt.

La Náutica del Puerto de Sóller · Carrer de la Marina, 8 · 07108 Port de Sóller
Tel. +34 971/63 29 02 · www.lanauticapuertodesoller.com

50 Alpenfeeling auf Mallorca

Der ultimative mediterrane Wandertraum ist die Tramuntana-Route GR 221. Mehr als 100 Kilometer von Port d'Andratx bis Pollença quer durchs Tramuntana-Gebirge führt dieser XXL-Wanderweg durch wunderschöne Berglandschaften, die an die Alpen erinnern.

Für alle, die diese acht bis zehn Tage dauernde Wanderung nicht in Gänze mitmachen wollen, gibt es eine inoffizielle »Lieblingsetappe«, die von Port Sóller zur wohl schönsten gelegenen Wanderhütte Mallorcas, nach Tossals Verds, in der Nähe von Lloseta führt und »nur« 28 Kilometer weit ist.

Die 100 Kilometer lange Route, von der in allen Wanderkreisen geschwärmt wird, beginnt mitten in Sóller mit dem ein wenig grimmigen Aufstieg durch den Barranc de Biniaraix, bis man sich nach knapp 1000 Höhenmetern in einer felsigen, teils bewaldeten Berglandschaft wiederfindet, die nach Alpen aussieht und von hoch oben einen atemberaubenden Blick auf das Tal von Sóller bietet.

▶ In Tossals Verds gibt es auch die Möglichkeit zu übernachten und dann vorbei an Ruinen von historischen Schneehäusern, weiter nach Lluc zu wandern.

Nach einem weiteren Aufstieg, der dem wackeren Wanderer nichts schenkt, ist der Coll de l'Ofre erreicht, und es eröffnet sich ein Bergpanorama ohnegleichen: links die militärische Radarstation auf Mallorcas höchstem Berg, dem Puig Major, in der Mitte der Stausee Cúber und rechts ein paar veritable Höhenrücken.

Die ausgeruhten Spaziergänger, die man hier antreffen kann, erklären sich durch den Parkplatz am Stausee, wo sich die ersten auch nach dieser Kurzfassung der Wanderung abholen lassen können. Sollte man die Etappe hier beenden und den Aufstieg mit Freunden feiern wollen, ist das ein willkommener Zeitpunkt zum »Ausreißen«.

Ansonsten geht es weiter Richtung Tossals Verds. Der Weg dorthin führt zuerst an einem modernen Aquädukt entlang und dann durch moosige Eichenwälder. Die Wanderung lohnt sich ganz ohne Zweifel.

Tramuntana-Route GR 221 · 07150 Port d'Andratx
07460 Pollença

Ein steiniger Wanderweg mit wilden Ziegen

Mit felsigen Ausläufern von Sa Dragonera und Cap Formentor an jeder Seite erstreckt sich die Tramuntana-Gebirgskette über 88 Kilometer von Andratx nach Pollença an der Westküste Mallorcas und bietet einige der beeindruckendsten Landschaften der Insel und einige der anspruchsvollsten Fahrrad- und Kletterstrecken.

Um die Natur des Weltkulturerbes in all seiner Wildheit und Schönheit zu entdecken, den wilden Rosmarin zu riechen, die verstreuten Schafsglocken zu hören und die roten Felsen im Sonnenlicht leuchten zu sehen, macht man sich am besten zu Fuß auf den Weg.

Pinienbewachsene Hänge neigen sich über das Meer und wenn man höher klettert, geben bewaldete Hügel den Blick frei auf karstige Felsen und steinige Berggipfel. Im Winter fungieren sie als eine Art Puffer, die die Ebene von den wilden Tramuntana-Winden schützen und zugleich das Meiste an Inselregen und Schnee abhalten. Im Sommer bieten sie einen kühlen Rückzugsort vor der Hitze aus Palma und dem Inselsüden – eine Klimaanlage der Natur.

Zehn Gipfel sind über 1000 Meter hoch, die meisten in der Gegend um Lluc. Die höchsten sind Puig Major und Puig de Massanella. Es gibt keine Flüsse aber einige Gebirgsbäche und die beiden Wasserreservoirs Cúber und Gorg Blau, denen eine wichtige Rolle bei der Wasserversorgung der Insel zukommt. Man kann hier auf endlosen Wegen die wilden Ziegen erschrecken, über Pinien grübeln, die aus rotem Felsen zu wachsen scheinen, sich selbst erschrecken über eine wilde Ziege, die hinter einem Felsvorsprung hervorspringt und natürlich die Farben und klarste Luft der Insel genießen.

Wer doch mit dem Auto fahren will, sollte die gefährlichsten Straßen der Insel mit ihren endlos scheinenden Folge von Haarnadelkurven nicht unterschätzen. Die schwierigste Strecke ist die C710 von Sóller nach Lluc mit all den Tunneln und Schluchten auf dem Weg zum Puig Major und Puig de Massanella. Und passen Sie bloß auf die Ziegen auf!

52

Die Route der spanischen Tapas

Die Ruta del Tapeo, die »Tapas-Route«, führt durch ausgesuchte Restaurants rund um Port de Pollença. Hier kann man das ganze Jahr, jeden Donnerstag von 20 bis 24 Uhr, Tapas – die spanischen Variationen von kleinen Vorspeisen – zu kleinen Preisen probieren.

Die Ruta del Tapeo soll Inselbesucher und Einheimische zugleich dazu animieren, das kulinarische Angebot dieser nördlichen Stadt Mallorcas zu erkunden und sich von der Qualität der Bars und Restaurants zu überzeugen. Die Preise sind wirklich eine Sensation und schon für 1,50 Euro bekommt man ein kleines Bier oder Glas Wein mit den Tapas seiner Wahl. Es ist eine großartige Gelegenheit, neue Plätze auszuprobieren, die traditionelle Küche kennen zu lernen, sich mit anderen Abendwanderern zusammenzuschließen oder mit Freunden eine ausgedehnte Hafenrunde zu unternehmen.

Tapas haben ihren Namen vom spanischen Verb *tapar*, was »abdecken« bedeutet. Traditionell bekommt man in den spanischen Bars zusätzlich einen kleinen Snack, wenn man einen Drink bestellt, und der war ursprünglich dafür gedacht, damit zugleich das Glas abzudecken, um Fliegen vom Getränk fernzuhalten. Umgekehrt wurde das Glas als »Tisch« zum Abstellen des kleinen Tellers genutzt.

Die Tapas-Route bringt einen in alle Teile von Puerto Pollença und sie ist fabelhaft, um hervorragende Restaurants zu entdecken, die noch nicht jeder kennt. Auch wenn es eine nummerierte Karte gibt, braucht man der Route natürlich nicht genau zu folgen. Viele bleiben auch noch für eine zweite Runde an den Plätzen, die ihnen besonders gut gefallen. Der Durchschnitt liegt bei etwa fünf verschiedenen Plätzen und der kulinarische Parcours endet meistens mit einem Drink auf der Strandpromenade, um den anderen Vorbeiziehenden bei ihren Tapas-Beutezügen »Bon provecho« zu wünschen bei pinchos, trampo, albondigas, pimientos de padrón und pulpo a la gallega, usw.

Ruta del Tapeo · 07470 Port de Pollença · verschiedene Teilnehmer · Karten in den Touristenbüros
www.puertopollensa.com/tapas-route.html

53 Frettchen in Kirchen und Todesmutige auf Bäumen

Es gibt natürlich jede Menge Heilige auf Mallorca und damit immer irgendetwas zu feiern. Einer der beliebtesten von ihnen ist aber sicherlich Sant Antoni, der am 17. Januar gefeiert wird. Eine der kuriosesten Feiern zu seinen Ehren ist die Pujada del Pi in Port de Pollença, mit Bühnenaufbauten und Umzügen.

Eigentlich war er der Schutzpatron der Tiere und in vielen Orten wird dann auch alles, was vier Beine oder zwei Flügel hat, in die Kirche getragen oder gezogen. Die Tiersegnungen, bei denen Pferde, Frettchen, Wellensittiche und Herden von Schafen an den Kirchenbänken vorbei zum Altar gebracht werden, gehören dann auch zu den normaleren Traditionen an diesem Tag.

Viele Orte der Insel machen ihre eigene Sant-Antoni-Feier mit überraschend unterschiedlichen Schwerpunkten. Besonders zu empfehlen ist sicherlich die mit Karnevalselementen durchzogene Zeremonie in Muro. Auch in Llucmayor hat man den Fokus auf die Tiere gelegt. In Artà hingegen setzt man mit dem Tragen von weißen Hemden und roten Tüchern den Akzent für die Fiesta, und Hunderte von Einheimischen pilgern rot-weiß und singend durch die Straßen – eine Darbietung, die sich dem Außenstehenden nicht sogleich erschließt.

▶ **In Manacor kann man am 16. Januar in der Kirche Mare de Déu dels Dolors den Liedern zu Ehren Sant Antonis zuhören.**

Einfach lustig, volksnah und auch für Besucher leicht verständlich ist hingegen die *Pujada del Pi* in Pollença. Hier klettern Einheimische einen 20 Meter hohen Pinienstamm hoch (daher der Name). Das Ungetüm wird eingeseift und gegenüber der Kirche aufgestellt, womit der nötigste Bezug zum Fest hinlänglich erfüllt zu sein scheint. Dann geht das Wettklettern los, ohne Sicherungsleinen oder sonstige Hilfsmittel. Nach Ende der Feierlichkeiten wird der Baum noch recycelt, und es werden Holzschwerter für *La Patrona* daraus gemacht, eine andere schöne Fiesta des Ortes, die im Sommer stattfindet.

Sant Antoni · 17. Januar · verschiedene Orte · 07470 Port de Pollença · 07440 Muro 07620 Llucmajor · 07570 Artà

Zwischen Landleben und Totenstadt

Das wenig bekannte Landgut Son Real zwischen Ca'n Picafort und Son Serra de Marina ist ein Freilichtmuseum, das den ländlichen Alltag vergangener Tage zeigt. Das ehemalige Anwesen des Grafen von Empúries wurde 2002 von der Balearen-Regierung erworben und liebevoll renoviert.

Zu besichtigen gibt es auch ein Museum, in dem sehenswerte Exponate wie Werkzeuge, Einrichtungsgegenstände und Schmugglerwaren ausgestellt werden. Das 395 Hektar große Gut hat außerdem viel Natur zu bieten. Rund 60 Prozent der auf den Balearen heimischen Tierarten kommen hier vor. Die nicht heimischen Tierarten warten in den Nutztiergehegen auf Ansprache und Besuch. Schafe, Esel, Ziegen, Truthähne und das inseltypische *Porc Negre*, das »schwarze Schwein«, sind darunter.

▶ **Im Museum im Haupthaus wird ein Film über die Geschichte und das frühere Leben auf dem Landgut gezeigt. Aufwendig gemacht und sehenswert.**

Vier ausgeschilderte, von Aleppo-Kiefern gesäumte Wander- und Fahrradwege durchziehen das riesige Gelände, und man kann sich zwischen Routen von 500 Metern bis zu 3,6 Kilometern entscheiden. Zwischendurch laden Picknickplätze zur Rast ein, und es zeigen sich immer wieder Tiere. Vor allem Wiedehopfe und Armeen von Mittelmeerschildkröten nähern sich dem Wanderer. Von denen laufen hier derart viele herum, dass sie sogar das Logo von Son Real zieren.

Unbedingt ansehen sollte man sich auch noch die Totenstadt des Landguts auf dem größten Gräberfeld, das sich direkt am Meer befindet. Hier liegen 110 Gräber, die bis in die Talayot-Zeit reichen, und über 300 Skelette wurden gefunden. Einst war es eine Ruhestätte der Wohlhabenden und Privilegierten der damaligen Zeit und die atemberaubende Aussicht von der zerklüfteten Küste hinab auf das blaue Meer macht die Standortwahl verständlich. Es ist ein schaurig-romantischer Platz in dieser Welt von gestern.

Son Real · April–Sept. 10–19 Uhr, Okt.–März 10–17 Uhr; Eintritt frei · Museum ganzjährig bis 17 Uhr; Eintritt: 5 € (Kinder 3 €) · zwischen 07458 Ca'n Picafort und 07459 Son Serra de Marina

Malerische Tropfsteinhöhlen

Die Reise in das Innere der Erde beginnt bei den 14 Höhlenkatzen, die den Besucher am Eingang in Empfang nehmen. Sie sind die selbsterklärte Vorhöhlen-Attraktion und genießen die Aufmerksamkeit der Besucher, bevor es in die 50 Meter tiefen Tropfsteinhöhlen von Campanet geht.

Die Höhlen liegen im Nordwesten Mallorcas am Fuße des Tramuntana-Gebirges und auch als Stalagmiten-Anfänger sollte man dieses Naturschauspiel gesehen haben. Anders als in den großen »Opernhaus-Tropfsteinhöhlen« im Osten der Insel wird hier auf große Lichtshows und Soundeinlagen verzichtet.

Die Natur wirkt pur. Lediglich die weißen Leuchtröhren an einigen Stellen lassen in dieser unwirklichen Atmosphäre bei durchschnittlich 20 Grad ein leichtes Wintergefühl aufkommen. Wo vier Meter lange Tropfsteine mit nur vier Millimetern Durchmesser in und durch den Raum ragen, wundert den andächtigen Besucher aber nicht mehr viel.

Die 40-minütige, etwa 400 Meter lange Führung, die es auch in Deutsch gibt, geht vorbei an »exzentrischen Formationen« – kleinen Tropfsteinen, die in alle Richtungen wachsen – und einem »Spaghetti-Stalaktit«. Die malerischen Höhlen, die Formen des Gesteins und die unterirdischen Seen von Campanet haben schon viele Maler und Dichter zu großen Werken inspiriert. Die verschiedenen Höhlen und das, was hier in Jahrtausenden geformt wurde, haben unter anderem so romantische Namen wie *Sala del Lago* (See-Saal), *Castillo Encantado* (verzaubertes Schloss) oder *Cascada Sonora* (singender Wasserfall).

Und man ist doch froh, dass die ehemaligen Höhlenbewohner, die Fledermäuse, bei der heutigen Durchgangsfrequenz mittlerweile das Weite gesucht haben. Wahrscheinlich genau wie der einheimische Bauer, als er dieses unheimliche Höhlenreich 1945 zufällig auf der Suche nach Wasser entdeckte. Und da war es sicherlich und zum Schrecken aller Beteiligter noch voller Fledermäuse.

Coves de Campanet · Ganzjährig geöffnet ab 10 Uhr · 07310 Campanet · Autobahn Palma Port d'Alcúdia, Ausfahrt 37 · Tel. +34 971/51 61 30 · www.covesdecampanet.com

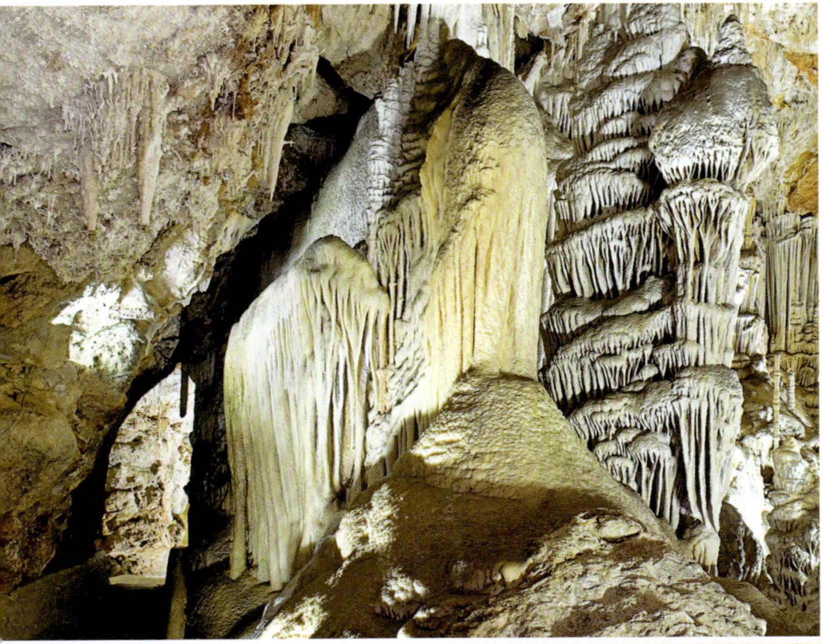
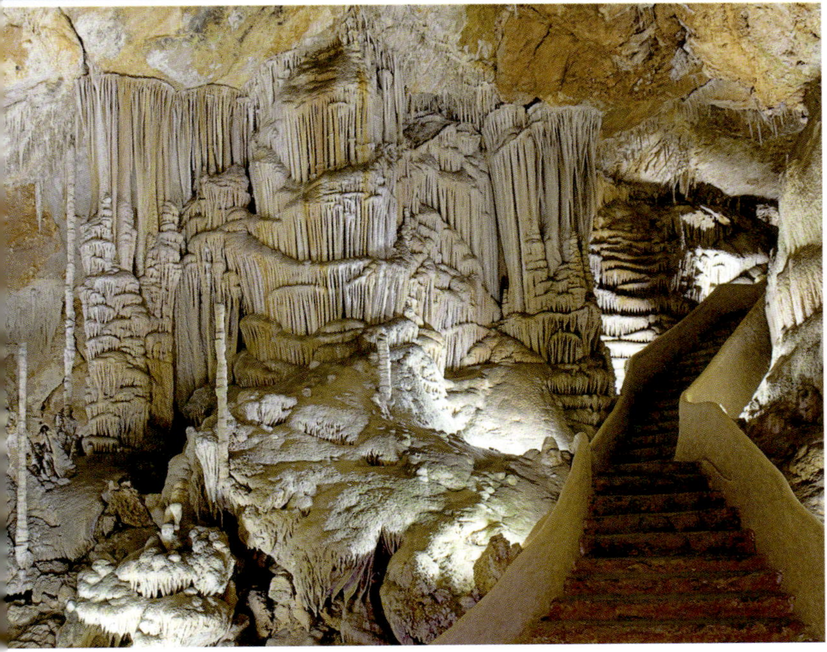

56

Panoramablick vom Cap de Formentor

Die wilde Nordost-Halbinsel Cap de Formentor bietet atemberaubende Aussichten, weite Strände und das legendäre erste Luxushotel der Insel. Die 20 Kilometer lange Fahrt von Pollença aus geht vorbei an 400 Meter hohen Klippen, brütenden Seevögeln und mediterranen Pinien, die direkt aus dem Felsen zu wachsen scheinen.

Die angsteinflößende Küstenstrecke, die hinauf führt zu einem Aussichtsturm, ist einmalig und einer Legende nach heißt es, als der Gemeindepfarrer und der lokale Busfahrer vor den Himmelspforten ankamen, durfte nur der Busfahrer eintreten, da er mehr Menschen zum Beten gebracht hatte. Sechs Kilometer von Pollença entfernt erreicht man den Aussichtspunkt Mirador d'es Colomer und wenn man die Stufen hoch klettert, hat man eine großartige Sicht auf eine kleine Felseninsel und das von hier aus endlos scheinende Meer.

Wenn man den entgegengesetzten Weg geht, kommt man zu einem alten Aussichtsturm, von dem aus man die ganze Halbinsel und die Buchten von Pollença und Alcúdia sehen kann. Die Fahrt geht dann weiter durch Pinienwälder und vorbei an weiteren Aussichtspunkten mit majestätischen Inselperspektiven, bevor man durch den Tunnel des En Fumat-Berges fährt und kurz den Blick frei hat auf Mallorcas unerreichbarsten Strand. Schließlich erreicht man am Ende der Strecke einen Leuchtturm mit der obligatorischen Bar und weiteren dramatischen Aussichten. In der Entfernung scheint sich die Erdkrümmung abzuzeichnen.

Auf dem Rückweg sollte man einen Stopp machen, um die morbide Atmosphäre des »Hotels Formentor« von 1929 einzuatmen, dessen Strand einst Persönlichkeiten wie Winston Churchill, Elizabeth Taylor und anderen hohen Gästen vorbehalten war, inzwischen aber allen zugänglich ist. Vor allem die etwas verfallenen Gartenanlagen unterhalb der großen Freitreppe der Anlage zu durchschlendern, mit den altmodisch angelegten Obst- und Gemüseterrassen, hat einen gewissen Charme und lässt die Atmosphäre längst vergangener Tage erahnen.

Cap de Formentor · Route von Sóller nach Cap de Formentor unter
www.mallorca-majorca.de (Ausflüge)

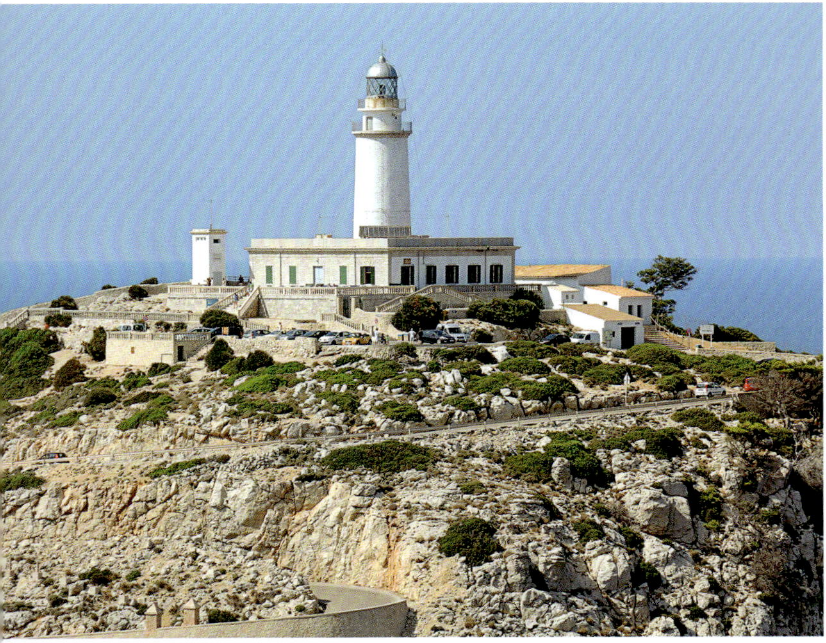

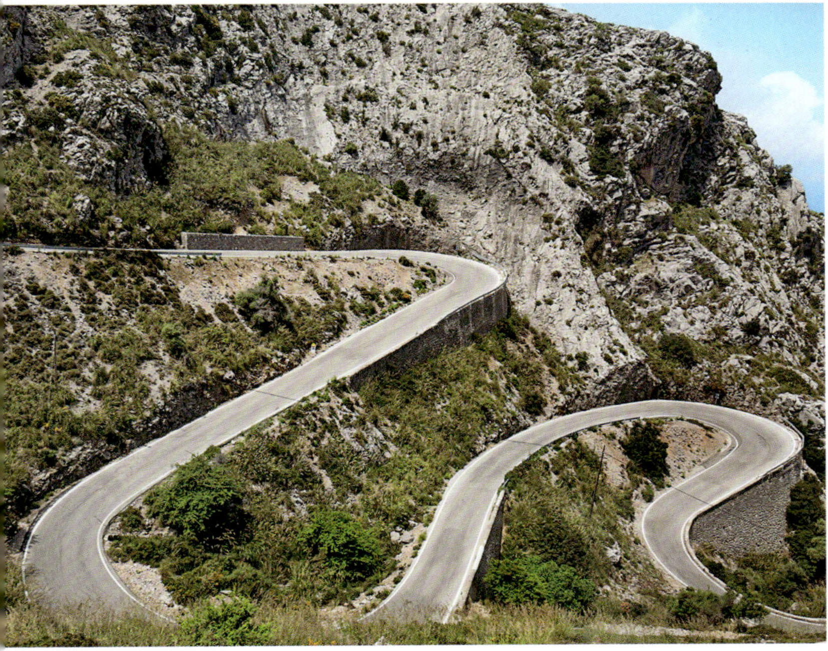

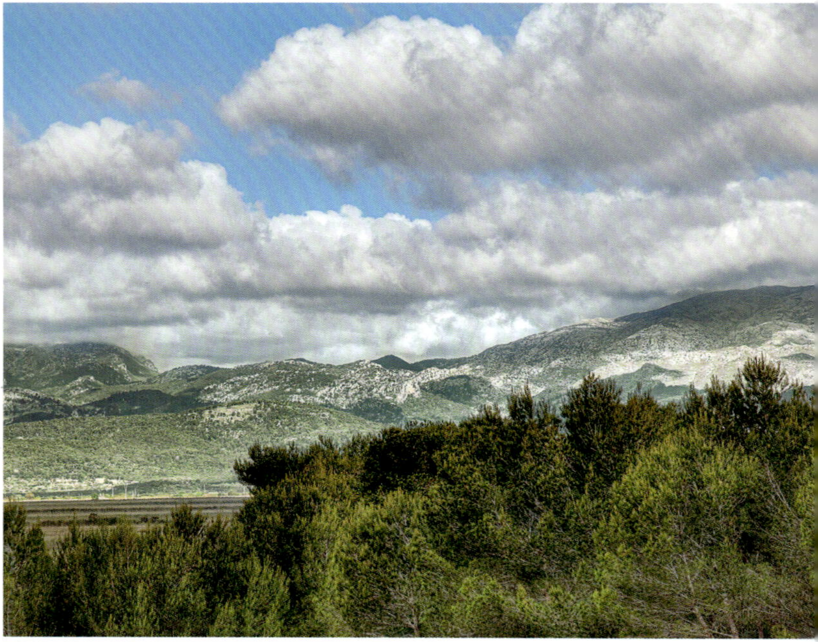

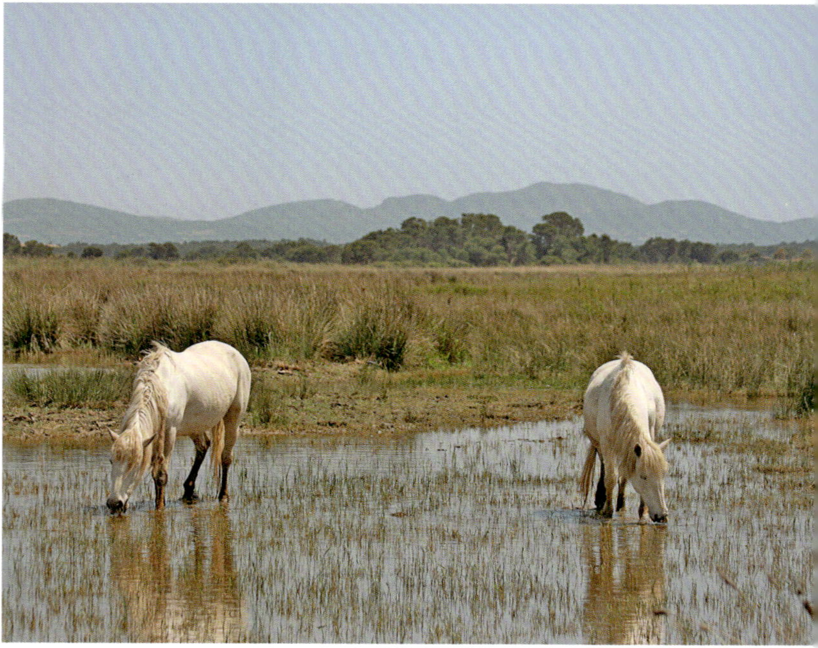

Der Naturpark S'Albufera

Man muss kein Hobby-Ornithologe sein, um im Naturpark von S'Albufera im Nordwesten von Mallorca einfach nur die Stille und Natur zu genießen. Man kann hier den ganzen Tag verbringen, inmitten von zahllosen Kanälen mit fischreichem Wasser und den bis zu vier Meter hohen Schilfstauden.

Ob Tierbeobachter, Wanderer oder einfach ein die Schönheit der Natur liebender Mensch: Auf diesem 1.646 Hektar großen Areal, das 1988 zum Naturpark erklärt wurde, kann man herrlich herumlaufen, beobachten und naturwandeln. Um dorthin zu gelangen, fährt man die Autobahn Palma–Alcúdia bis zum Ende bei Sa Pobla; auf der Landstraße C-713 passiert man Port d'Alcúdia und biegt in die C-712 Richtung Artà ein. Der Parkeingang liegt an einem Kanal.

Im Besucherzentrum Sa Roca erhält man eine Landkarte zur Orientierung oder man lässt sich von den Schnatter-, Quak- und Zwitscherrufen in die richtige Richtung ziehen. Viele Wege sind auch ausgeschildert.

Es gibt hier 303 Vogelarten, von denen 64 regelmäßig brüten. Auch vom Aussterben bedrohte Arten konnten hier wieder angesiedelt werden und 10 000 Exemplare überwintern hier jedes Jahr. Auch der nicht ganz so geduldige Beobachter kommt hier auf seine Kosten und irgendein anmutiger Reiher, eine blauschnäbelige Ente (Oxyura leucocephala) oder ein lustiger Wasservogel (Porphyrio porphyrio) tauchen bestimmt auf oder gerade wieder unter.

Darüber hinaus hat auch die Fauna zu Lande einiges zu bieten. Es gibt 22 Säugetierarten, darunter Fledermäuse, Mäuse und Hasen. Es gibt Libellen und Schmetterlinge, ungiftige Schlangen und Schildkröten. Es ist eine wahre Freude, in diesem Live-Naturkundeunterricht von einer Entdeckung zur nächsten zu wandern. Wenn man dann noch den Blick von den luftigen Höhen auf den Boden schweifen lässt, gibt es hier auch noch über 200 Pilzarten zu entdecken. Und wenn man sich dann doch verlaufen haben sollte, hat man hoffentlich noch die Karte vom freundlichen Naturparkpersonal am Eingang.

Parc natural de S'Albufera de Mallorca · April–Sept. tgl. 9–18 Uhr, Okt.–März 9–17 Uhr an der C-712 Richtung Artà · Tel. +34 971/89 22 50 (spanisch/katalanisch)

Markttag im historischen Alcúdia

In den Mauern von Alcúdia findet jeden Dienstag und Sonntag ein weitläufiger Markt statt und das ist ein zusätzlicher Grund für einen Besuch in der nördlichen, etwas abgelegenen Stadt der Insel. Wie die meisten Orte Mallorcas ist auch Alcúdia getrennt vom Hafen angelegt worden und liegt etwa zwei Kilometer landeinwärts.

In früherer Zeit sollte die Lage Alcúdias die Verteidigung gegen einfallende Piraten erleichtern. Die historische, einst römische Siedlung ist umgeben von hohen Verteidigungsmauern. Dies schafft eine ganz spezielle Atmosphäre in der Stadt, und viele nutzen die Mauern, um beim Freeclimbing das vorbeiziehende Publikum aus luftiger Höhe von den Schießscharten aus zu beobachten.

Das weitläufige Markttreiben, das hier zweimal wöchentlich stattfindet, zieht sich von der äußeren Stadtmauer bis hinein ins Zentrum. An den äußeren Ständen findet man eine Auswahl an Kleidung und Lederartikeln wie Gürtel und Taschen. Die Stände hier sehen alle recht einheitlich aus, und man könnte das Gefühl bekommen, dass die Standbesitzer alle zusammenarbeiten oder aber denselben Chef haben, der sie mit Waren versorgt. Und die teilweise hier angebotenen »Designermarken« teilen zudem eine recht individuelle Schreibweise. Wer ein lustiges Geschenk mitbringen möchte, der sollte trotzdem vorbeischauen.

Innerhalb der Mauern findet man die interessanteren Stände mit einer großen Auswahl an Keramik, Schmuck, Kunsthandwerk oder handgemachten Seifen, die wirklich nach *mediterráneo* (Rosmarin, Calendula, Madelblüte etc.) duften. Und wenn das Umherwandern und Einkaufen seinen Tribut fordert, hat die Stadt reichlich schöne Cafés, Restaurants oder Bars zu bieten. Der Besuch der architektonisch beeindruckenden Stadt im hohen Norden mit den nahe gelegenen römischen Ruinen in Pollença (komplett mit Amphitheater) lohnt auf jeden Fall die Fahrt. Und einen besonderen Marktfund oder eine bunte Logotragetasche kann man nebenbei auch noch mit nach Hause nehmen.

Markt in Alcúdia · Jeden Di und So 8.30–13.30 Uhr · 07400 Alcúdia

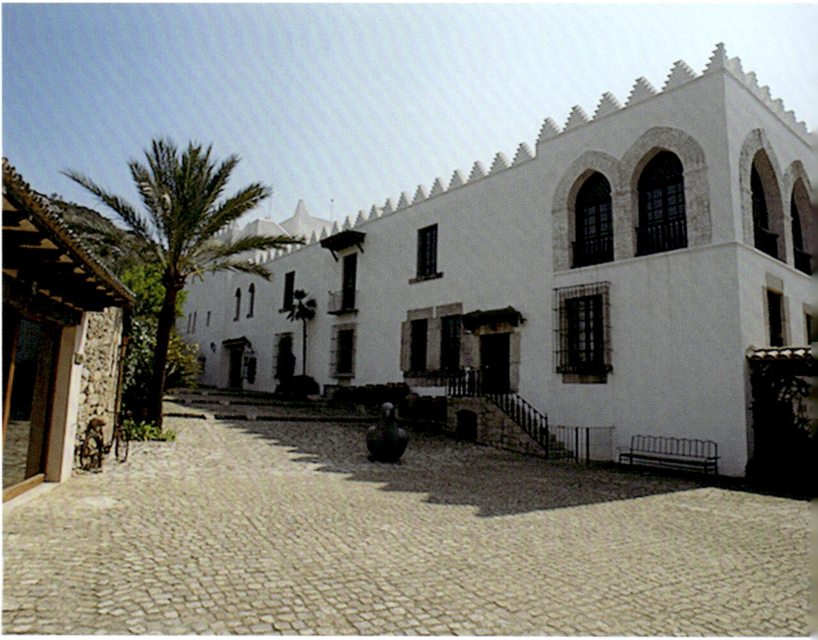

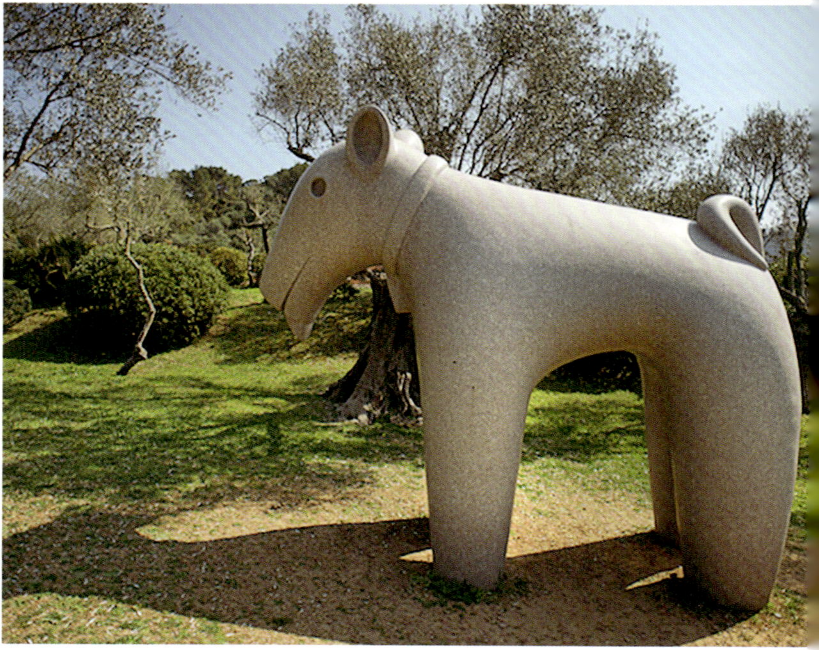

59

Kunstsammlung und Rosengarten

Die Stiftung von Yannick Vu und Ben Jakober ist eine der bedeu-tendsten Kunststiftungen Spaniens und liegt in Alcúdia im Norden, in dem sehr beeindruckenden maurischen Anwesen Sa Bassa Blanca. Das an eine Festung erinnernde schneeweiße, die Landschaft überragende Bauwerk ist umgeben von prachtvollen Gartenanlagen.

Hier kann man jedes Jahr ab Mai die mehr als 100 englischen Rosen-sorten von prämierten Züchtungen bewundern sowie die übrige ebenso kunstvoll angelegte Vegetation. Außerdem bieten die weitläufigen Anla-gen den Hintergrund für die überdimensionalen Tierskulpturen nach anti-ken Vorbildern, die surreal verstreut in der Landschaft herumstehen. Die Hunde, Nilpferde, Katzen und anderen Kreaturen sind Schöpfungen des Künstlerehepaares.

▶ **Wer weitere Werke vom Ex-Bankier Ben Jakober sehen möchte: Am Flug-hafen von Mallorca steht eine riesige Amphoren-skulptur von ihm.**

Im Inneren des Anwesens sind die verschie-densten zeitgenössischen Werke anderer Künst-ler untergebracht (unter anderem von Rebecca Horn, Meret Oppenheim und Takis). Außerdem gibt es eine umfangreiche Sammlung historischer Kinderbilder und antiker Masken und Opfergaben aus Nepal, Tibet und Peru. Im Sokrates-Raum empfängt einen das Skelett eines längst ausgestorbenen sibirischen Rhinozeros, von dem aus man staunend in einen aus 10 000 Glasstücken bestehenden Kristallvorhang von Swarovski geht.

Von prähispanischer Stammeskunst bis zu Werken zeitgenössischer Stars wie Miquel Barceló und Gerhard Merz reichen die Exponate, die hier ausgestellt sind. Es ist ein friedliches und in der architektonischen Umge-bung reizvolles Nebeneinander von zeitgenössischer und archaischer Kunst, das die Magie des Ortes ausmacht. Und Kunst findet hier wirklich überall statt. Wenn jetzt noch ein großes weißes Kaninchen mit einer Ta-schenuhr im Garten an einem vorbei laufen würde, man würde sich nicht großartig wundern.

Fundación Yannick y Ben Jakober · Nur mit Führung nach Voranmeldung · Mi–Sa 11 und 15 Uhr
Apartado 10 · 07400 Alcúdia · Tel. +34 971/54 98 80 · www.fundacionjakober.org

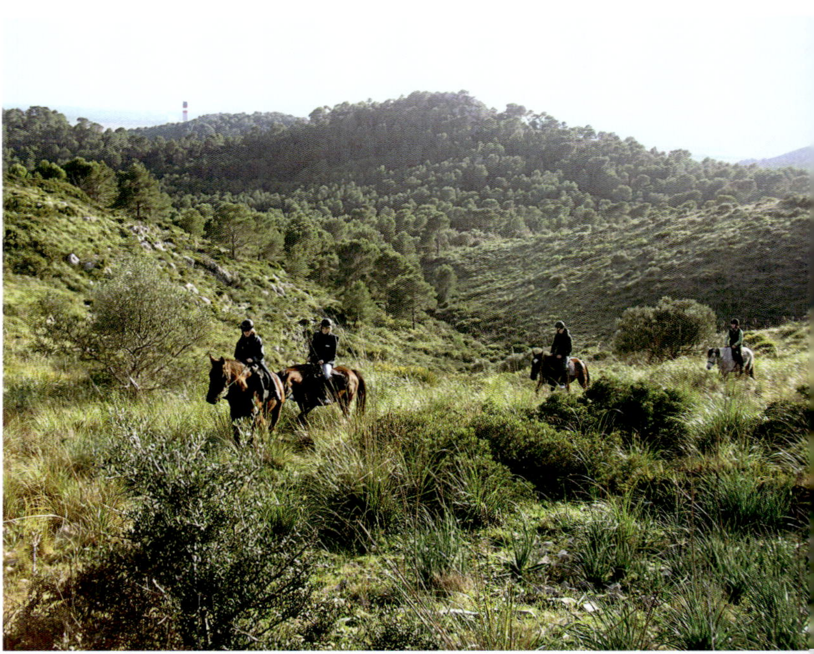

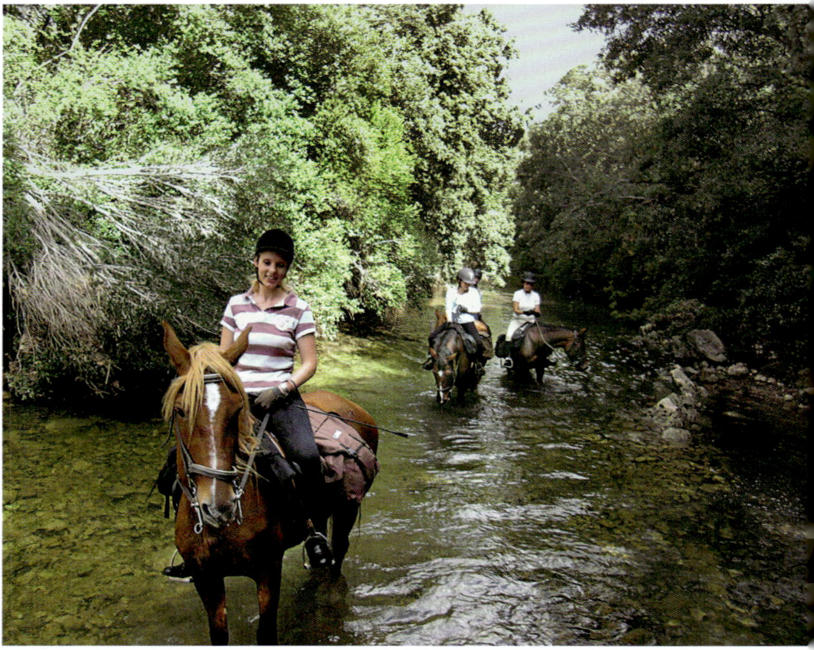

Reiten durch Mallorcas Landschaft

60

Eine fantastische und immer beliebter werdende Art, die weitläufige Inselnatur zu erkunden, ist zu Pferde. Ob mit Kindern oder Großeltern, die Anbieter werden mit ihren Programmen allen gerecht. Der ganz besondere Reitstall Hípica Formentor liegt zwischen dem Naturschutzgebiet S'Albufera und Sa Pobla im Norden Mallorcas.

Eine Gruppe von entspannten Pferden wartet hier auf Auslauf. Das Pferdereich aus selbstgezüchteten und geretteten Pferden gibt den Tieren in artgerechter Herdenhaltung ein liebevolles Zuhause. Seit 15 Jahren werden hier unter dem »Pferdeflüsterer« Lorenzo Crespi zusammen mit seiner Frau und Tochter die Tiere mit viel Liebe und Vertrauen behandelt und die meisten Pferde kennt Lorenzo schon seit ihrer Geburt. Sie werden »barhuf und gebisslos« geritten, das heißt ohne Eisen an den Hufen und ohne Metall im Maul.

Es gibt die langsameren Vierbeiner für Anfänger oder diejenigen, die eine ruhigere Gangart bevorzugen, und die etwas temperamentvollere Abteilung für die Wildwest-Stars unter den Kunden. Ausritte werden in vielen Varianten angeboten, von einer Stunde bis hin zu mehrtägigen Wanderritten. Sie führen in die Umgebung des Reitstalls, in Schilfhaine, über Sandwege, durch Flussbetten und über Felder bis ins Tramuntana-Gebirge. Reitkenntnisse sind hier keine Voraussetzung, mit den geduldigen Tieren kann jeder schon nach Kurzem im Sattel sitzen.

Die Pferde kennen ihren Weg. Die Ruhe und Schönheit der Landschaft zusammen mit dem direkten Kontakt zur Umgebung zu Pferde hat für viele Zivilisationsopfer etwas unglaublich Entschleunigendes und Emotionales. Auf dem Pferderücken hat man das Gefühl, eins zu sein mit der Natur.

Es ist eine Art wunderbarer Familienausritt, die Stimmung ist heiter und gelassen und auf dem Rückweg ist die Entspannung allen anzumerken. Bei der Rückkehr werden noch gemeinsam die Pferde abgesattelt und in ihre wohlverdiente Freizeit entlassen. Und hier und da wechseln Äpfel und Karotten die glücklichen Besitzer.

Hípica Formentor · Cami Son Pere, s/n · 07420 Sa Pobla · Tel. +34 609/82 67 03
www.hipicaformentor.com

61 Geführte Canyoning-Touren

Canyoning ist eine relativ neue Sportart, eine Mischung aus Wandern, Klettern, Springen, Abseilen und Durchschwimmen von Canyons. Hierfür sind die vielen Schluchten und rauen Felsformationen der Insel mit ihren Bergflüssen und Wasserfällen der ideale Abenteuergroßspielplatz.

In den unzähligen Sandsteinschluchten die in Millionen von Jahren vom Wasser geformt wurden, gibt es die »Rambo-Klettertouren« in verschiedenen Schwierigkeitsgraden ganz nach körperlicher Konstitution.

Canyoning kann man das ganze Jahr über praktizieren, generell ist aber die Zeit von Oktober bis April die beste. Wenn die Regenfälle am heftigsten sind und die gemeinen Badeurlauber schon wieder Zuhause vor dem Kamin sitzen. Dann sind die Bedingungen perfekt.

Die Touren werden begleitet und angeleitet von erfahrenen und professionell-qualifizierten Canyoning- und Bergführern. Auch die Ausrüstung wird komplett zur Verfügung gestellt: Überprüftes Klettergeschirr, Seile, Helme und Wetsuits, Taschen und wasserfeste Container stehen für die abenteuerlustigen Teilnehmer bereit.

Man muss nur gute Wanderschuhe, warme Funktionskleidung und den nötigen Abenteuergeist mitbringen. Für diese Erlebnissportart sind keine Vorkenntnisse erforderlich.

Das Durchschwimmen von tiefen türkis-grünen Bergseen, das Rutschen über Naturrutschen in klare Becken von Bergquellwasser, das Abseilen über hohen Wasserfällen und das Springen in einsame Wasserbecken macht allen Teilnehmern Spaß.

Inmitten des Tramuntana Gebirges gibt es eine Vielzahl von Routen, um die spektakuläre Umgebung der Westküste Mallorcas zu erkunden. Und es gibt die verschiedensten Möglichkeiten, die wirklich ursprüngliche Natur der Insel zu entdecken, zu erklettern oder zu durchschwimmen. Angeboten werden von Tagestouren bis zu mehrtägigen Ausflügen an immer wieder neue und faszinierende Orte in der zerklüfteten Felslandschaft.

Experience Mallorca · Vent-i-Mar Apartments · Josep Trias, 1 · 07458 Ca'n Picafort
Tel. +34 687/35 89 22 · www.experience-mallorca.com

62

Surfstrand und Bar – eine perfekte Mischung

Der Hotspot-Strand Son Serra im Norden Mallorcas ist der einzige auf der Insel mit Wellen, die auch Wellenreiten zulassen. Dementsprechend cool sind die Strandszene und die Gäste im »El Sol«. Wenn dann noch am Wochenende eine der fabelhaften Livebands spielt, ist das Leben perfekt.

Der Surfstrand und die Karibik-Atmosphäre hier lassen sich kaum beschreiben, nur erleben, und am besten erklärt sich die Strandbar »El Sol« mit ihrer Speisekarte selbst: Hier wird von der Freude des Personals erzählt, von glücklichen Lieferanten, zufriedenen Gästen und dem einwandfrei zertifizierten Fleisch in der Küche. Und das El-Sol-Sunshinebar-Team wünscht seinen Gästen Genuss, viel Spaß und Erholung. Dass dies ernst gemeint ist, merkt man gleich an den »Good Vibes« des Platzes. Hier sind Qualität und Frische oberstes Küchengebot und die täglich wechselnde Tapas-Karte mit saisonalem Angebot liegt dem Küchenchef wirklich am Herzen. Genauso wie das immer taufrische Obst und Gemüse, das auch vom Koch selbst jeden Tag vom Markt geholt wird. Ehrensache!

Sympathischer geht es nicht, und man möchte dann auch am liebsten einen Schlafsack rausholen und gleich die ganzen Ferien hier bleiben, auf die perfekte Welle warten und den Beach-Groove fühlen. Für etwas mehr Komfort gibt es neuerdings sogar fünf Zimmer im eklektischen Ethnostil zu mieten: u.a. Buddha, Chill Lounge und El Sol. Die Gästeschar bietet dann auch eine lange Reihe von prominenten Besuchern, die das lässige Ambiente hier lieben. Ursula Karven, Til Schweiger, Vitali Klitschkow und auch die spanische Kronprinzessin Elena sollen hier schon gesehen worden sein. Und der fast unvermeidliche Dieter Bohlen. Da gehen die Aussagen aber auseinander.

Unter deutscher Leitung ist der Service inmitten der coolen Musik ganz hervorragend. Son Serra liegt an der Straße nach Artà, etwa fünf Kilometer außerhalb von Ca'n Picafort. Zum Surfstrand fährt man die Hauptstraße bis fast zur Küste und dann die vorletzte Straße rechts bis zum Ende.

El Sol–Sunshine-Bar · Son Serra de Marina-Beach · 07450 Santa Margalida
Tel. +34 971/85 40 29 · www.sunshine-bar.net

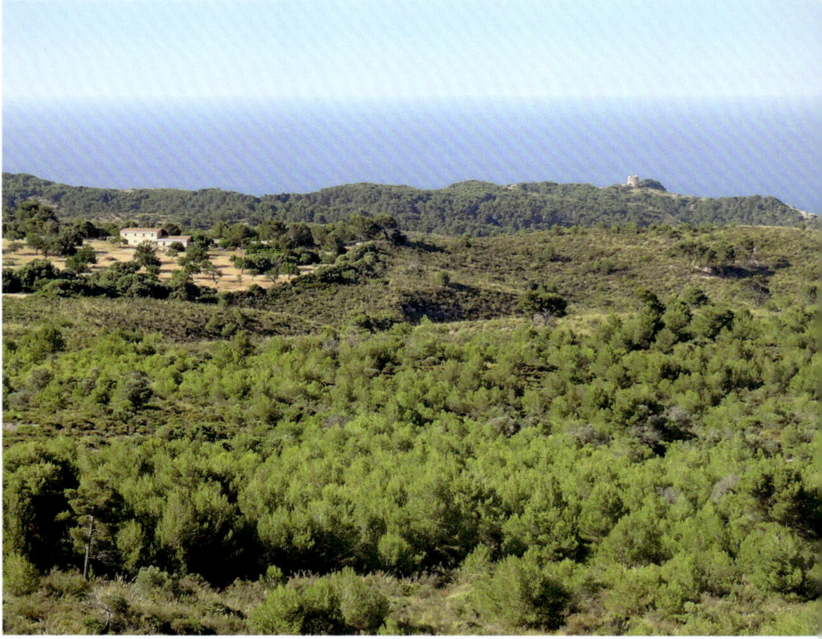

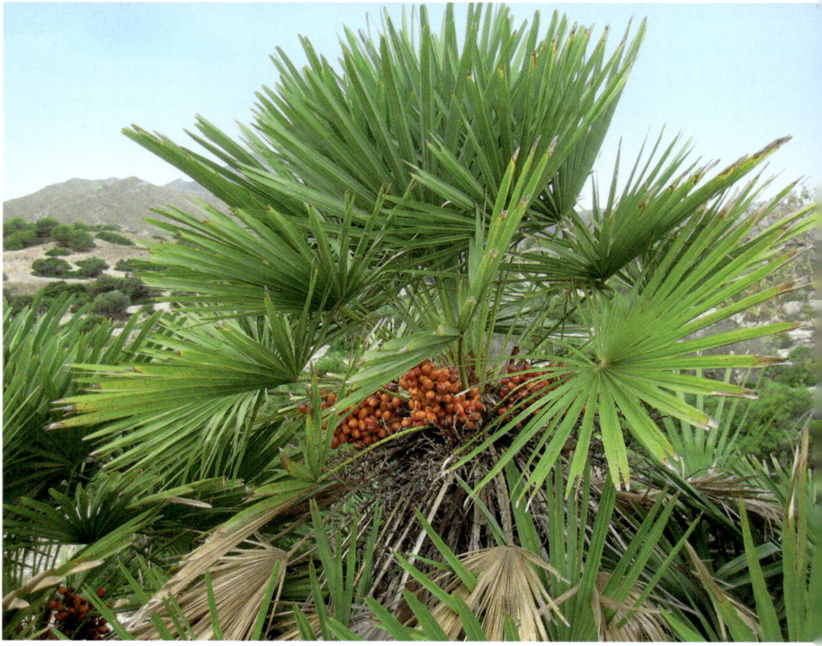

Korallenmöwen und Mittelmeerschildkröten

Der einsame Naturpark auf der Halbinsel nordöstlich von Artà umfasst 1576 Hektar und ist Mallorcas jüngster Naturpark. Das hügelige Terrain mit seiner niederwüchsigen Vegetation könnte bei regnerischem Wetter beinahe als schottisches Hochland durchgehen. Es ist vor allem für seine abgelegenen Strände und unberührte Küstenlinie bekannt.

In unberührten Buchten leben Kolonien von Kormoranen und Korallenmöwen, Wander- und Eleonorenfalken und Zwergadler. Am Boden gibt es unter anderem eine große Anzahl an Mittelmeerschildkröten. Der größte Teil des Naturparks ist Buschland und wird dominiert durch Pflanzenarten wie Zwergpalmen und glänzendes Dissgras.

▶ **Für Übernachtungen stehen einige unbewirtschaftete Wanderherbergen zur Verfügung (Refugio de s'Alzina, Refugi de s'Arenalet, Refugio d'Aubarca,). Eines der letzten Abenteuer auf der Insel.**

Das früher auf den Landgütern übliche oftmalige Abbrennen der Weiden, um die Flächen für Schafe und Ziegen offen zu halten, führte zur Verdrängung der hier eigentlich heimischen Wälder. Die ehemaligen hier ansässigen Steineichen und Aleppo-Kiefern konnten sich nur in einigen Senken und an den Läufen der *torrentes* (Sturzbäche) halten. Zurück blieben ausgedehnte Oliven-, Mandel-, Feigen- und Johannisbrotbaumkulturen. Auffällig sind die vielen Wildziegen, denen die offene Landschaft und die felsige Küste einen geeigneten Lebensraum bieten und die hier munter überall herumklettern und springen.

Etliche Schotterstraßen und Wanderpfade im Naturpark und seiner Umgebung wurden beschildert, und man kann auf einer engen Straße mit dem Wagen durch den Nationalpark fahren, wenn man es vorzieht, nicht zu laufen. Der Blick hinunter zur Bucht von Alcúdia ist von hier oben überwältigend. Die Straße führt auch zu der kleinen abgelegenen Kirche Ermita de Betlem, die direkt an der Küste liegt und an der sich auch das Besucherzentrum befindet. Von hier führen auch verschiedene Wanderwege durch das Gelände.

Parc natural de la península de Llevant · Bei 07570 Artà
Tel. +34 971/82 92 19 oder +34 971/83 68 28 (Infobüro in Artà)

Hexen, Feen und Pappmaché

»Rondalles Mallorquines«, das sind Grimms Märchen auf Mallorquinisch und die Figuren und Bewohner des Museums ArtArtá sind eine Art Augsburger Puppenkiste »auf Hefe«, d.h. sehr, sehr groß. Traum und Tradition, Zauberhaftes und Liebenswertes im »Märchenmuseum«.

Mit dem Privatmuseum in dem zweistöckigen 120 Jahre alten Stadthaus in Artà hat sich die dortige Theaterdirektorin María Isabel Sancho den Traum erfüllt, den Figuren aus den alten mallorquinischen Geschichten ein Zuhause zu geben. Ihre Mission ist es, die ihr lieb gewordenen Charaktere einem breiteren Publikum näher zu bringen und so mallorquinische Tradition und Geschichte zu vermitteln. Die 40 hier ausgestellten überdimensionalen Märchenfiguren sind vom verstorbenen Bildhauer Pere Pujol geschaffen worden. Die lebensgroßen Tiere, Hexen, Könige, Feen, Gnome und Prinzessinnen im ersten Stock des Hauses sind aus Pappmaché, Ton, Harz und Bronze und wurden vom Künstler in über 30 Jahren liebevoll zum Märchenleben erweckt. Und zumindest in dieser Umgebung hat man das Gefühl, als wäre man in ihrer Welt und nicht umgekehrt. Da sind der Maurenkönig mit den langen Lippen, die drei Eremiten mit den weißen Bärten und der dumme Köhler, der sich mit zwei Kürbissen ins Bett legt, weil der Nachbar ihm erzählt hat, dass sie sich durch Wärme in Esel verwandeln – aber das ist eine andere Geschichte.

▶ **Es gibt im Museum einen mehrsprachigen E-Book-Reader auszuleihen, der einem entsprechende Geschichten dazu erzählt.**

Zur Geschichte Artàs gehört auch das jahrhundertealte Kunsthandwerk, das in einem Laden des Museums ausgestellt und verkauft wird. Hier gibt es Palmenkörbe, die nur noch von drei hier ansässigen Familien hergestellt werden, und typische und originale Geschenke und exklusive Souvenirs, die man nur hier bekommen kann. Alles ein Teil des Kulturerbes der Stadt. Ein kleines Café im Patio verströmt Künstlerflair, und man nimmt ein bisschen vom Zauber des Ortes wieder mit sich hinaus in die wirkliche Welt.

Museum ArtArtà · Carrer d'Antoni Blanes, 19 · 07570 Artà · Tel. +34 971/83 59 39 oder +34 629/04 83 41 · www.artarta.es

Ein Ausflug nach Colònia de Sant Pere

Colònia de Sant Pere ist ein kleiner Fischerort an der Nordostküste Mallorcas bzw. an der Ostseite der Bucht von Alcúdia und ein geheimer Rückzugsort für Freunde von Ruhe und Natur. Der kleine 1880 gegründete Ort hat etwa 600 Einwohner und der Hafen beherbergt einige Fischerboote und wird sonst meist nur von Jachten angelaufen.

Schon kurz nach der Straßenausfahrt »Colònia Sant Pere« fährt man durch Mandel- und Olivenbäume und an weidenden Schafherden vorbei. Das Dorf scheint immer ein wenig zu dösen, und um die rot gedeckte Kirche entspannen sich alle, die den weiten Weg in Kauf genommen haben oder das Glück haben ohnehin schon da zu sein. An der mit Bänken unter Tamarindenbäumen ausgestatteten Uferpromenade nördlich des Hafens haben sich einige Bars und Restaurants angesiedelt und unterhalb der Promenade befindet sich der Strand. Es gibt natürlich einen »Club Nautico« und hinter einem Natursteinwall ankern rund 250 Boote, von der 15-Meter-Jacht bis zum Fischerboot. Von der Terrasse des Restaurants »El Puerto« aus kann man den Hafen und die gesamte Bucht übersehen.

Am äußersten Ende der Promenade verlocken die Korbstühle des »Sa Xarxa« zum Entspannen direkt am Wasser. Hier kümmert sich Sabine Hagström aus Hamburg darum, dass der Gast den Weg nicht umsonst gemacht hat. Weitere Strände finden sich vor allem südwestlich von Colònia de Sant Pere. Vorbei am kleinen Strand des Ortsteils S'Estanyol liegt der Strand von S'Arenal de Sa Canova. Dahinter eröffnet sich das Waldgebiet Sa Canova d'Artà, in dem sich eine Talayot-Siedlung befindet, Ruinen einer frühgeschichtlichen Inselkultur.

Am Küstenweg in Richtung Urbanització Betlem sind die Reste des Dolmens von S'Aigua Dolça, eines Großsteingrabs aus der Zeit von 1750 bis 1650 v. Chr., zu finden. Ausflugsziele für Wanderer liegen in den angrenzenden Bergen. Über die Ermita de Betlem sind Wanderwege zu den Wehrtürmen Talaia Freda und Talaia Moreia sowie zum Puig de sa Tudossa oberhalb des Cap de Ferrutx ausgewiesen.

Familiäre Hacienda-Atmosphäre

Der »Sea Club« ist ein kleines familiengeführtes Hotel in einer wunderbar erhaltenen alten Residenz im Hacienda-Stil, mit weißgewaschenen Wänden und Blick auf das azurblaue Mittelmeer. Die Eigentümerfamilie Cumberlege sorgt hier seit über 50 Jahren besonders liebevoll für eine informelle und familiäre Atmosphäre.

In der Reisebeilage des Daily Telegraph wurde das Hotel unter »den bestgeführten Familien- und Strandclubs« erwähnt. Wenn man mit einem Mojito mit Minze aus dem hauseigenen Garten auf der Terrasse steht und über das Meer schaut, versteht man, warum. Man hat hier gleich das Gefühl, Teil einer entspannten Hausgesellschaft und nicht Gast in einem Hotel zu sein.

Die 16 geschmackvoll eingerichteten und renovierten Zimmer sind eine Mischung aus traditionellem mallorquinischem, englischem und modernem zeitgenössischen Stil. Der weitläufige Garten der Anlage, die Bar und ein herrlicher Swimmingpool schaffen den idealen mediterranen Rückzugsort auf der Insel.

Auf dem Grundstück gibt es individuelle Häuschen, sonnige Patios und verschiedene Terrassen mit Panorama-Weitblick, eine Ecke ist idyllischer als die nächste. Man kann verstehen, wie sich Nora und ihr Mann Admiral Claude Cumberlege damals in den Platz und das Haus verliebten und warum viele der Gäste schon in zweiter Generation hierher kommen und es Freunden weiterempfehlen. Das erklärt auch die immer besonders sympathische Mischung von Hausgästen, die man auf schattigen Gartenplätzen, beim beliebten Tischtennis – das liegt ein wenig abseits – oder beim Gitarre spielen auf dem weitläufigen Gelände trifft.

Es gibt auch ein hauseigenes Motorboot zu mieten, um die abwechslungsreiche Umgebung mit ihren Stränden, Leuchttürmen und Fischerhäfen von der Wasserseite aus zu erkunden, um dann am nächsten Morgen die Meeresabenteuer beim gemeinsamen Frühstück auf der großen Frühstücksterrasse zu erzählen.

The Sea Club · Avenida America, 27 · 07590 Cala Ratjada
Tel. +34 971/56 33 10 · www.theseaclub.es

67 Sommersitz der Hochfinanz und Kunstoase

1915 erwarb der mallorquinische Banker, Unternehmer und Schmuggler Joan March den Hügel hinter dem Hafen von Cala Ratjada, auf dem damals nur einer der fensterlosen Wachtürme aus dem 15. Jahrhundert stand, der Sa Torre Cega, und über die Küste wachte. Mit der Villa kam die Kunst.

Hier errichtete er einen herrschaftlichen Sommersitz für die Familie, die Villa March. Seine Ehefrau, die kunstbegeisterte Leonor, vermittelte dem gemeinsamen Sohn Bartolomé das Interesse an Kultur und Gartenbau, woraufhin dieser zu einem begeisterten Sammler moderner Kunst wurde. Mit dem Familienvermögen ausgestattet ermöglichte ihm dies im Laufe der Zeit den Erwerb einer nicht unerheblichen Anzahl von Kunstobjekten, für die er einen angemessenen Rahmen suchte. Und er schuf ihn auf dem Hügel am Meer.

▶ **Der Stiftung von Bartolomé March gehört auch der Palau March in Palma. Im prachtvollen Stadtpalast in der Altstadt stehen weitere seiner Skulpturen.**

Der international bekannte Landschaftsdesigner Russell Page wurde Mitte des 20. Jahrhunderts damit beauftragt, den 60 000 Quadratmeter großen Garten des Anwesens neu zu gestalten. Und so entstand der Garten Jardines de Sa Torre Cega, und 40 Skulpturen, u.a. von Auguste Rodin, Henry Moore und Eduardo Chilida, erhielten eine neue Heimat. Mediterrane Büsche, Bäume, Blumen und Kräuter, dazwischen mehrere Seerosenteiche, fertig war das Kunstbiotop.

Auch das Innere des Hauses wurde unter Bartolomé March neu gestaltet und ein Mosaikfussboden in dreijähriger Arbeit angefertigt sowie beeindruckende Wandmalereien am Treppenaufgang angebracht. Eine Prachttreppe verbindet den Eingang zum Anwesen unten an der Joan-March-Straße ganz in der Nähe des Hafens mit der Terrasse vor der Villa, die den Turm ablöste. Die Aussicht vom pinienbewachsenen March-Hügel über Cala Ratjada und das Meer ist atemberaubend. Das Anwesen ist heute Teil einer Stiftung und wird nicht mehr von der Familie privat genutzt.

Villa March · Von Capdepera: Cala Ratjada, am Hafen vorbei, letzte Gasse rechts vor dem Parkareal
Wechselnde Besuchszeiten · Anmeldung zwei Tage im Voraus · Tel. +34 971/55 64 79

68 Reisen mit dem Heißluftballon

Eine Ballonfahrt ist ein unvergessliches Erlebnis und das geräuschlose Gleiten über Mallorca ist wie ein Wachtraum: himmlisch und erdnah zugleich. »IB Ballooning« ist ein von der Behörde für Zivilluftfahrt genehmigtes Luftfahrtunternehmen mit über 20 Jahren Erfahrung. Ob eine romantische Ballonfahrt zu zweit mit Champagner oder ein Familienausflug mit Freunden: Heute kann jeder in unerreichbare, luftige Höhen abheben.

Es gibt viele Aktivitäten, die man auf Mallorca betreiben kann, sowohl fur Unerschrockene als auch fur die eher Geruhsamen unter den Inselgästen. Eine Ballonfahrt vereint alle Lager zur selben Zeit, und der Korb zum Fahrtenglück – denn einen Ballon fliegt man nicht, sondern man fährt ihn – ist nur einen kleinen Schritt entfernt.

War es früher exzentrischen Millionären oder Zauberern aus fernen Ländern vorbehalten, sich von einem Ballon in die Lüfte heben zu lassen, ist es heute ein Privileg, das jeder teilen kann. Und über die prachtvolle Nordostküste Mallorcas zu schweben, während man dazu eisgekühlten Champagner oder seinen Lieblingswein trinkt, ist ein wahrhaft unvergessliches Erlebnis. Das zuweilen völlig geräuschlose Dahinschweben über Baumkronen, die zum Greifen nahe scheinen, ist nur einer der Reisemomente.

Durch den nicht zu überhörenden Brenner wird man zwischendurch immer mal wieder an die eigentliche Quelle dieser wundersam scheinenden Antriebskraft erinnert. Das unbeschreiblich sanfte Dahingleiten kann man nicht beschreiben. Man muss die Ballontaufe einfach einmal miterlebt haben. Der Ballon steigt nicht höher als 600 Meter, und wenn man über den Feldern im Tiefflug dahinschwebt, kann man den Bauern auf den Wegen zurufen.

Um die Thermalwinde auszunutzen, wird entweder frühmorgens oder nachmittags gestartet. Und wenn man dann noch einen Sonnenauf- oder untergang aus der Luft unter dem Ballon miterlebt, dann hat man wirklich wieder ein unvergessliches Ferienerlebnis mehr in seiner Erinnerungskiste.

Illes Balears Ballooning · Apdo. de Correos, 64 · 07590 Cala Ratjada
Tel. +34 607/64 76 47 · www.ballooning-mallorca.com

Landhotel mit internationalem Flair

Das versteckte Hotel und Anwesen »Reserva Rotana« liegt gleich nördlich bei Manacor und ist eines der größten privaten Grundstücke der Insel. Und wenn man die unscheinbare Schotterpiste zu Ende gefahren ist, wird man belohnt von einer Hotelanlage, die bezüglich Ausstattung, Atmosphäre und Charme ihresgleichen sucht.

Die Eignerfamilie hat mitten in der allerschönsten Hügellandschaft eine unvergleichlich stil- und geschmackvolle Oase geschaffen. Internationaler Flair, großartiger Service und hervorragendes Essen bringen die Gäste von weit her, um einen Nachmittag oder Abend im »Rotana-Stil« zu verbringen. Hier haben schon Gunter Sachs und Freunde rauschende Feste gefeiert und jeder malerische Winkel, jedes Zimmer und die prachtvolle Halle mit Trophäen vergangener Jagdtage und Abenteuer haben Geschichten zu erzählen.

Es gibt einen eigenen Weinberg und eine Farm zum Anbau ökologischer Produkte, die für die hauseigene Küche zum Einsatz kommen. Die Zimmer und Häuser, die sich auf dem paradiesischem Anwesen verteilen, sind von erlesener Qualität und man hat hier eher das Gefühl, privater Gast eines noblen Hauses zu sein, als Gast eines Hotels.

Auf der Dachterrasse eines der besonders eleganten Gästehäuser – das ursprünglich für ein Familienmitglied eingerichtet wurde – gibt es ein aufgehängtes, schwebendes Bett mit Blick in den Sternenhimmel und über das weite Tal im Mondlicht.

Die Rotana Greens sind ein privater 9-Loch-Golfplatz, nur einige Meter vom Hotel entfernt. Der Platz ist für Restaurantbesucher und Hotelgäste reserviert. Es gibt keine *Greenfees* oder *Tee Times*, man spielt hier nach seinem eigenen Tempo und wenn es einem gefällt, so oft man möchte. Der Platz wurde 2009 überarbeitet und ist ideal für alle, die Übungsschläge proben möchten. Strategisch angelegte Bunker und Teiche ermöglichen Herausforderungen für die fortgeschritteneren Spieler. Ein PGA Golfprofessional ist vor Ort, um mit dem Schwung zu helfen.

La Reserva Rotana · Camí de Bendris, km 3 · 07500 Manacor · Tel. +34 971/84 56 85
www.reservarotana.com

Heilige Messen und Marmeladen

In dem Benediktiner-Kloster am Ortsrand von Manacor wird gebetet und nach uralten Ordensrezepten kräftig geköchelt. Unter Mutter Albadesa werden hier von den bis zu 82-jährigen Ordensschwestern so famose Konfitüren hergestellt wie Apfelsine-Schokolade, Kiwi-Apfel oder Orange-Whisky.

Die sechs Nonnen des Klosters fabrizieren hier köstliche Marmeladen, legen getrocknete Tomaten ein und vermengen Oliven mit Öl zu einer köstlichen Paste. Dann gibt es Fruchtaufstriche aus Feigen, Aprikosen, Limetten und Bitterorangen, aus Tomaten, Melonen und Kürbissen. Alles natürlich ohne Zusatzstoffe, mit besonders viel sonnenverwöhnten Früchten und von Hand gemacht. So gefragt sind die Erzeugnisse der Feinkost-Nonnen, dass sogar Manufactum, der deutsche Kult-Versand der »guten Dinge«, sich ihre Feinkostwaren gesichert hat.

Der Ordensgründer Benedikt wird von Schwester Elena »San Benito« genannt, was sich irgendwie niedlich anhört, aber bei den morgendlichen Andachten auf dasselbe hinauskommt. Hier wird der Alltag des Ordens in Einklang gebracht mit dem mittlerweile recht schwunghaft laufenden Handel der Gourmet-Produkte, die hier mit viel Sorgfalt und Segen fabriziert werden. Geliefert wird an einige erste Adressen der Insel und man kann die Produkte auch direkt im Kloster kaufen. Hier gilt die 8/8/8-Regel: acht Stunden beten, acht Stunden arbeiten, acht Stunden ausruhen und schlafen. In der Hochsaison geht die Ernte im Klostergarten jedoch vor. Und auch der Kleintransporter zur Marmeladenlieferung steht an einigen Tagen selten still. Ausgeruht wird wieder, wenn die Ernte vorbei ist.

Die einzigen Nachfolgerinnen der Benediktinerin Hildegard von Bingen auf Mallorca produzieren neben den Marmeladen auch noch ein duftendes Rosmarinöl für Gelenke und Muskeln, diesmal zur äußerlichen Anwendung und sicherlich auch mal für den Eigenbedarf nach einem produktiven Sommertag im Marmeladen-Kloster unter dem Schatten eines Marmeladenbaums.

Monestir Santa Familia Manacor · Mo–Fr 9–13 und 16–18 Uhr · Tel. +34 971/55 14 84
am Ortseingang Manacor in Richtung Felanitx fahren, bis zur Ronda del Port, am Wasserturm rechts

Trabrennen und Kartenspiel

Bevor man nach Hut oder Jackett greift: Dies ist nicht Ascot, noch ist es wahrscheinlich wie irgendein anderes Pferderennen, das man kennt. Auf Mallorca ist das Trabrennen, die Königsdisziplin des Pferdesports, der sportliche Höhepunkt auf dem Kalender aller sozialer Schichten.

Die speziell gezüchteten Pferde ziehen einen kleinen Leichtbauwagen, in dem wiederum der Jockey sitzt, und dieser jagt mit einer Geschwindigkeit über die Rennbahn, die man vorher nicht für möglich gehalten hätte. Dieser Sport ist seit über 200 Jahren auf Mallorca populär, und die Rennstrecken in Palma und Mancor veranstalten einmal wöchentlich ihre Rennen.

In das Hipòdrom Son Pardo in Palma kann man ohne Eintritt einfach durch die weit offen stehenden Tore hineinwandern, die Pferdenarren platzieren überall munter ihre Wetten oder vergnügen sich im Restaurant beim Kartenspiel oder bei mehreren Runden *hierbas* (Kräuterlikör) und Bier. Die Atmosphäre könnte als informell bezeichnet werden und man bekommt schnell ein Gefühl für den mallorquinischen Querschnitt durch die Gesellschaft. Hier steht der Tankwirt neben dem Tischler, der Kneipenwirt neben dem Büroangestellten und dieser neben dem Banker. Nur Frauen sind unterdurchschnittlich vertreten. Dies ist eine Männerveranstaltung, und das hört und sieht man überall: an den lauten Ausrufen, dem legeren Habitus und der allgemeinen sportlichen Rosenlaune. Renntag ist ein guter Tag – und ein noch besserer natürlich, wenn man gewinnt.

▶ **Die Wettschalter sind im Inneren der Anlage, der Mindesteinsatz beträgt ein Euro. Man kann auf Sieg oder auf Platz oder auf eine Dreierkombination wetten, was die größten Gewinnchancen verspricht.**

Einheimische sind hier eindeutig in der Überzahl und selten verirren sich Urlauber in das Renn-Geschehen. In jedem Rennen auf der langen Bahn von einem Kilometer Länge können bis zu 16 Pferde teilnehmen, was das Ganze nicht nur in den engen Kurven zu einem aufregendem Spektakel macht. Das Bier zum Rennen kostet in der Bar 1,50 Euro.

Hipòdrom Son Pardo i Manacor · Carretera de Sóller, km 3,5 · 07009 Palma de Mallorca
Tel. +34 971/76 38 53 · www.hipodromsonpardo.com

Sicher vor Piraten

Die Burganlage des Castell de Santueri sitzt auf der Kuppe einer Felsspitze im Osten Mallorcas. Sie wurde auf dem sogenannten Tafelberg in 475 Metern Höhe erbaut. Es ist eine fantastische, sehr gut erhaltene Festungsanlage mit bemerkenswerter Aussicht über den Südosten Mallorcas und an klaren Tagen bis hin nach Cabrera.

Eine kleine Straße führt bis kurz vor das Castell. Umgeben ist das aus weißem Kalkstein erbaute Gebäude von einer Landschaft voller Orangen-, Mandel- und Olivenbäume. Auch die Ruine selbst ist inzwischen stark bewachsen.

Die vorhandenen Festungsmauern stammen aus dem 14. Jahrhundert aber die Anlage selbst stammt noch aus römischen Zeiten. Die Römer sollen damals einen Wachturm hier errichtet haben. Die Mauren hatten auch ihren Anteil am Wiederaufbau der Burg während ihrer Belagerung der Insel zischen dem 8. und 13. Jahrhundert. Als König Jaume I. Mallorca 1231 zum zweiten Mal eroberte, diente die Burg den Mauren als letzte Zufluchtsstätte, bis sie von den Christen schließlich nach einiger Belagerungszeit besiegt wurden und die Festung dabei erheblich zerstört wurde. Nach ihrer Wiederinstandsetzung diente sie den Menschen der Umgebung noch als Zufluchtsort bei Piratenangriffen.

Seit 1811 befindet sich die Burg in Privatbesitz und das Innere ist nicht mehr zu besichtigen. Wenn das Tor offensteht, kann man eine kleine Kapelle und einige Anbauflächen im Inneren der Mauern sehen. Seit der Maurenbelagerung geht die Sage, dass es unterhalb der Burg eine Höhle mit Wasserzugang gibt, die als unterirdischer Fluchtweg dient. Was wäre eine echte Burg auch ohne einen solchen?

Auf jeden Fall ist der Besuch hier oben, bei diesem geschichtsträchtigen Baumonument, das sich seit den alten Zeiten kaum verändert hat, beeindruckend und der Panoramablick wieder einmal sensationell. Und manchmal, wenn der auflandige Wind hier oben pfeift, hat man das Gefühl, das Kampfgeschrei aus alten Zeiten zu hören.

Castell de Santueri · Ende Mai–Okt. 9–18 Uhr (variiert) · bei 07200 Felanitx · Anfahrt: von Felanitx auf der C714 Richtung Santanyí; nach 5 km führt links eine kleine Straße zum Castell de Santueri

Kloster Santuari de Sant Salvador

Die Ursprünge des Klosters Sant Salvador gehen auf das Jahr 1348 und den König Pere IV. von Aragón zurück, der den Bau in Auftrag gab. Das historische Gemäuer mit seiner prachtvollen Pilgerkirche liegt 509 Meter über dem Meeresspiegel auf dem höchsten Punkt der Serres de Llevant nahe dem Ort Felanitx.

Der letzte Ordensbruder verließ das Kloster 1992. Es ist aber immer noch ein beliebter Pilgerort, nicht zuletzt auch wegen seiner atemberaubenden Lage. Zum Kloster gelangt man über eine Serpentinenstraße, die man sich mit einigen ambitionierten Radfahrern teilt. Flankiert von zwei gigantischen Baumonumenten thront das Kloster auf seinem Berg: Auf der einen Seite steht ein 14 Meter hohes Steinkreuz, »Es Picot« genannt, auf der anderen Seite eine 35 Meter hohe Säule, auf der eine noch mal sieben Meter hohe Christusfigur steht, die den Arm segnend über das Tal und die Welt erhebt – ein beeindruckender Anblick und ein magischer Ort. Obwohl die Kloster-anlage mit ihrem Festungscharakter eher spartanisch wirkt, ist die Kloster-kirche recht prunkvoll. Der Bildhauer Pere Coronero verzierte den barocken Hochaltar aus dem 15. Jahrhundert, der im Hauptschiff der Kirche steht. Au-ßerdem findet man eine Marienstatue aus dem 13. Jahrhundert und eine Nachbildung des Abendmahls der Kathedrale von Palma. Bemerkenswert ist auch das Seitenschiff des Torhauses mit seinen Andenken und Memorabilia.

Seit 1992 steht das Santuari de Sant Salvador unter der Leitung zweier mallorquinischer Familien, die hier ein Restaurant betreiben und Zimmer ver-mieten. Die Anlage ist sehr gepflegt, Hotel und Zimmer wurden einfach, aber mit Stil restauriert. Der Panoramablick über die gesamte Insel ist phä-nomenal. Im Nordwesten sieht man das Tramuntana-Gebirge, im Südosten die Insel Cabrera und Richtung Norden bis nach Pollença und Alcúdia.

Im Vorraum des Klosters sind auch noch sechs Weltmeistertrikots aus-gestellt, welche der aus Felanitx stammende Guillermo Timoner zwischen 1955 und 1965 im Stehrennen der Bahnradfahrer gewann. Er hätte es ohne Frage auch bis hier hoch geschafft.

Santuari de Sant Salvador · Straße von Felanitx nach Portocolom · Tel. +34 971/51 52 60
www.santsalvadorhotel.com

Handbemalte Unikate aus Keramik

»Ceramicas Mallorca« ist ein kleiner Keramikladen, der die Insel-tradition der klassischen Keramikschalen, Becher, Teller und Vasen seit 1947 fortführt. Von Pedro Bennasar als erste Manufaktur für dekorierte Keramik auf der Insel gegründet, wird er heute von der Besitzerin »Kika« Francisca Bennasar weitergeführt.

In dem Familienbetrieb mit angeschlossener Manufaktur in Felanitx sind alle Gegenstände Unikate, alles ist handbemalt. Von traditionell bis avantgardistisch reichen die Dekors die man im Laden findet. Die künstlerisch-handwerkliche Tradition zu erhalten und mit neuen Trends und Entwürfen zu verbinden, ist das Credo des Unternehmens. Und so werden dann auch Entwürfe des Sohnes der Besitzerin – er ist Graffiti-Meister – selbstverständlich und stimmig in die neuen Kollektionen mit aufgenommen. Tradition und Innovation gehen hier einträchtig denselben Weg.

Es gibt die wunderschönen typischen Inseldekors mit sonnigen Motiven, Oliven und dem allgegenwärtigen Insel-Salamander auf Geschirr, Vasen und Lampen oder auch wundervolle Fisch-Dekors. Man findet dekorative Wandkacheln für Küche oder Bad oder Keramikschilder mit Familiennamen, Kindernamen, Firmenlogos oder mit dem Namen des Insel- oder Festlandhauses.

Die Qualität der Stücke ist weit über die Inselgrenzen hinaus bekannt und begehrt. Hier werden auch individuelle Kundenwünsche immer gerne erfüllt und die Besitzerin – sie spricht auch Deutsch – steht mit Erfahrung, Enthusiasmus und mit ihren Ideen immer gerne zur Seite, wenn es darum geht, sein eigenes Geschenk aus Keramik zu kreieren. Der Fantasie sind hier keine Grenzen gesetzt und dem Entwurf des ultimativen Geschenks, des ungewöhnlichen Wandtellers oder des neuen Lieblings-Zuckerstreuers, steht hier rein gar nichts im Weg. Formen, Dekors, Designs sind in allen erdenklichen Kombinationen zu bekommen und die, die es noch nicht gibt, werden eben nach den speziellen Kundenwünschen angefertigt – alles kein Problem hier im Keramikland.

Ceràmiques Mallorca · Carrer Sant Agustí, 50–58 · 07200 Felanitx · Tel. +34 971/58 02 01
www.ceramicasmallorca.com

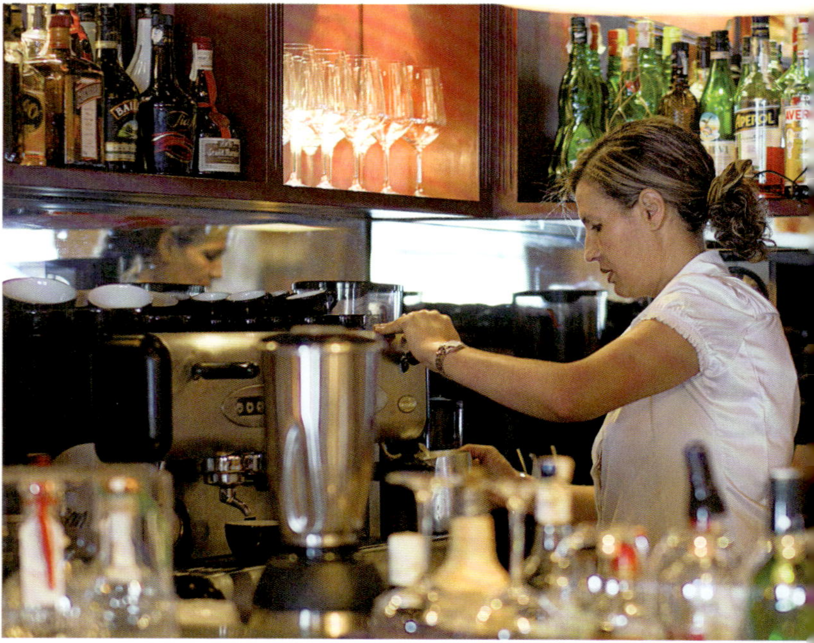

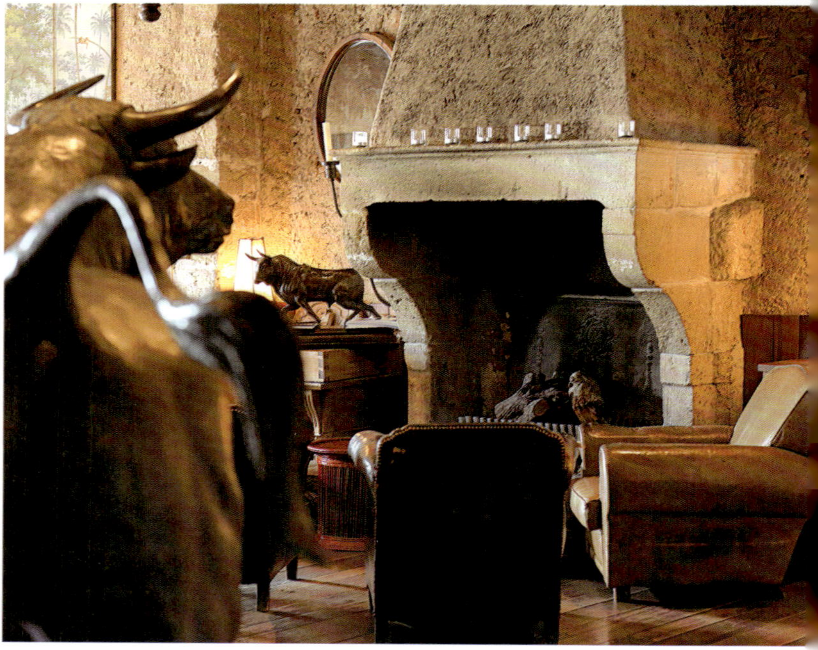

75

Zu Tisch bei einem Österreicher

Malerisch gelegen an der Uferpromenade vom Hafenstädtchen Portocolom an der Südostküste Mallorcas genießt man in dem großen Innenraum oder auf der Terrasse das fast französische Flair des malerischen kleinen Naturhafens mit den schönen Booten, die dort vor Anker liegen und auf den Wellen schaukeln.

Auch im internationalen Vergleich ist das Restaurant »Colón« von Atmosphäre und Einrichtung her sicherlich unter den schönsten Restaurants mit einer darüber hinaus großartigen Küche. Die alten Holzsegeljachten passen hervorragend zum mallorquinischen Lebensgefühl, das sich hier mit einem Drink in der Hand sofort einstellt, wenn man durch die offenen Terrassentüren auf das Meer schaut.

Die Architektur des Raumes, mit seinen hohen Decken und einem gewaltigen Kamin, der wie aus einer Burg entliehen scheint, wird durch das ausgesucht prachtvolle Interieur im eleganten Kolonialstil noch unterstrichen. Auch im Sommer kann man in den beiden antiken Clubsesseln aus Leder vor dem brennenden Kamin versinken, wenn eine salzige Meeresbrise durch die offenen Glastüren hereinweht und den Longdrinks einen Hauch von Piratengeschmack verleiht.

Der Patron und Küchenchef des Hauses, der Österreicher Dieter Sögner, zelebriert hier gehobene Esskultur mit ganz persönlicher Note: Klassiker der mediterranen Kochkunst, raffinierte Neukompositionen und ausgewählte österreichische Spezialitäten aus der Heimat des Küchenchefs. Das Publikum ist international, auch wenn die deutsche Klientel vom nahegelegenen Hamburger Hügel überwiegt. Gourmets schätzen die kreative Haute Cuisine mit mallorquinischem Charme und den diskreten Service, der unter der Leitung von Dieter Sögners Ehefrau Onika charmant und perfekt funktioniert. Der lebensgroße Bronzestier, der die Bar flankiert, rundet die Atmosphäre von entspanntem Luxus und unaufgeregtem Understatement dieses Hauses noch ab. Da ist es nur selbstverständlich, dass das »Colón« gerne auch Jachtcatering macht – stilvoll und *de luxe*.

Restaurante Colón · Calle Cristobal Colón, 7 · 07670 Portocolom · Tel. +34 971/82 47 83
www.restaurante-colon.com

Die blaue Strandbar

Auf einer von Kiefern umsäumten Terrasse steht die hellblau angemalte Holzbude »Blue Bar« in der ein bisschen an Südfrankreich erinnernden Bucht von Portocolom und man hat einen grandiosen Blick auf den Naturhafen, die Fischerboote und die malerischen Segelboote vor Anker, die auf den Wellen schaukeln.

Wenn die Sonne im Meer des französisch anmutenden Hafens von Mallorca versinkt, ist das Leben ein Traum und der Abend noch jung. Die Sonne geht hier direkt hinter dem Hafen unter, weswegen die Terrasse gegen Ende des Tages immer gut besucht ist, und es bietet sich die Gelegenheit, mit einer weiteren Flasche mallorquinischem Rosado auf einen gelungenen Tag und einen noch gelungeneren Abend am Wasser anzustoßen.

Die lässige Chillout-Strandbar im malerischen Fischerhafen liegt etwas oberhalb der kleinen Bucht S'Arenal, auf der Seite des Leuchtturms in der Bucht von Portocolom an Mallorcas schroffer Ostküste. Sie ist nicht ganz einfach zu finden und wird im Sommer von vielen Anwohnern und Einheimischen als »zweites Wohnzimmer am Meer« besiedelt. Man folgt der kleinen, schmalen Asphaltstraße, die vom Ortskern am Wasser entlang Richtung Leuchtturm (»Far«) führt, vorbei an einer weiteren kleinen Playa namens Es Babó.

Kinder können an den nahegelegenen, im Meer verankerten Badeplattformen in die Fluten springen und Sonnenhungrige an dem unterhalb des Restaurants gelegenen, klitzekleinen Sandstrand noch eine Siesta machen. Genau das machen auch fast immer einige Strandschönheiten, die auch eher aussehen, als kämen sie aus St. Tropez.

Die Atmosphäre ist entspannt und unprätentiös. Die Karte mit frischen, einfachen Gerichten und Kleinigkeiten ist überschaubar. Es gibt Tapas, Salate und kleinere Gerichte. Der Service ist freundlich bis familiär und die gute Laune des Wirts ist ebenso legendär, wie die manchmal schwankenden Preise berüchtigt sind. Deshalb, vor dem Bestellen und der zweiten Flasche Rosado, erst kurz nach den Preisen fragen und dann weiterchillen.

Blue Bar · 07670 Portocolom · Tel. +34 647/27 91 00 · am Strand von S'Arenal

Tausendundein Geschenk im Ca's Perillo

Der Laden »Ca's Perillo«, der mitten an der Hauptstraße in Alqueria Blanca liegt, ist so zentral gelegen, dass man ihn fast übersieht, wenn man ihn nicht sucht. Die deutsche Besitzerin und ehemalige Stylistin Hanne Schäfer, hat in ihrem Laden liebevoll zusammengetragen, was schön, dekorativ und begehrenswert ist.

Ob handgemachte Taschen aus den inseltypischen »Feuerzungen-Stoffen«, Insel-Köstlichkeiten, Lampen und Einrichtungsgegenstände, handgefertigte Objekte oder Gegenstände aus Treibholz und Strandgut, Kissen oder Kunst – es gibt kaum etwas was, das man in ihrem immer neu dekorierten Stadthäuschen über zwei Etagen nicht findet. Ob Geschenke in letzter Minute, Erinnerungen an wunderschöne Ferien oder den neue Lieblings-Pareo für den Strand. Es gibt außerdem deutsche Bücher und mallorquinische Platten, handgearbeiteten Schmuck und bunte Tischdekoration. Hier findet man eine liebevoll zusammengestellte kunterbunte Ausstellungswelt der schönen Dinge.

Die lebensgroßen Schafsköpfe, die einen von der Wand herab anschauen, geben das mediterrane Lebensgefühl, das hier im Laden herrscht perfekt wieder. In der Kunstgalerie auf der zweiten Etage hängen unter anderem auch Bilder des bekannten Künstlers Louis Vidal – ausdrucksstarke und farbgewaltige Werke mit Hähnen im Treibholzrahmen – Abstraktes, und die Sepia-Schafs-Fotografien der renommierten Fotografin Uschi Burger-Precht, einer Freundin der Besitzerin. Und so ist Hanne mit allen ihren Inselkünstlern und vielen ihrer treuen Kunden auch befreundet.

Immer auf der Suche nach neuen Funden und originellen Mitbringseln für ihre Klientel, kommen immer wieder unerwartete Dinge dazu. Und auch wenn man letzte Woche erst da war, entdeckt man immer wieder neue Schätze. Ein sonnendurchfluteter Patio und Garten mit weiteren Fundstücken und dem kleinen freundlichen Ladenhund Pipo bieten einen Ort der Muße. Hier kann man dann überlegen, ob man dies oder das oder doch lieber alles zusammen mitnehmen soll.

Ca's Perillo · Verge de Consolacio 3 · 07691 S'Alqueria Blanca · Tel. +34 971/16 34 22
www.casperillo.jimdo.com

78

Naturbelassene Strände

Mit seinem wunderschönen Küstennaturpark, der Naturbucht mit den beiden Stränden und dem karibisch türkisblauem Wasser ist der Naturpark Mondragó sicherlich einer der schönsten der Insel. Entlang vorbildlicher Trockensteinmauern führt eine kleine kurvige Straße zum Strandparadies.

Es ist eine kleine Strecke zu fahren, aber sie lohnt sich. Und wenn man noch den Luxus genießt, mit dem Boot in die Natureinfahrt auf die Doppelbucht mit dem schneeweißen Sand und kristallklarem Wasser zufahren zu können, gibt es kaum einen schöneren Platz, den man sich auf der Welt wünschen könnte. Im gesamten Gebiet herrscht Bauverbot, und und es gibt nur eine Handvoll alter gepflegter Familienhäuser am Meer.

Hier gibt es zwei Strände – Cala S'Amarador und Cala Mondragó – und beide bieten herrlichen staubfeinen Sandstrand und unbeschreiblich blaues Meer. Sie sind mit einer Promenade verbunden und beide haben eine eigene Bar. Das einfache *Chiringuito* (Strandbar) von Cala Mondragó ist schon eine Institution und fest in spanischer Familienhand. Der Service ist hervorragend, die Brüder des Hauses sind immer zu einem freundlichen Gespräch aufgelegt und die *mejillones a la marinera* (Miesmuscheln in Weißwein) sind mit die besten, die man im mediterranen Raum bekommen kann. Das Publikum ist ein unaufgeregtes Nebeneinander von spanischen Familien, Residenten, Seglern, Urlaubern und neuzeitlichen Hippies. Aufgrund der Nähe des Hamburger Hügels von Santanyí sind die ausländischen Besucher hauptsächlich Deutsche.

Der Park bietet wanderfreudigen Gästen außerdem einige Wanderrouten, die entlang der Küste führen. Hier kann man malerische Felsformationen und steile Klippen sehen, die von einige Kindern und Wagemutigen auch gerne zum Klippenspringen genutzt werden. Der 785 Hektar große Park ist größtenteils in privatem Besitz, und es gibt verschiedene Routen zum Spazierengehen, unter anderem zum Ses Fonts de n'Alís, einem Feuchtgebiet mit interessanter Flora und Fauna.

Parc natural de Mondragó · tgl. 9–16 Uhr · Cala Figuera
07650 Satanyí · Tel. +34 971/18 10 22

Auf der Dachterrasse einen Cava mit Kiwi trinken

Das neue Highlight inmitten des malerischen Altstadtkerns von Santanyí ist das Café-Restaurant »Goli«. Die helle, in Naturtönen gestaltete Einrichtung mit den individuellen Dekorationen und ein schattiger Patio machen es zu einem beliebten Anlaufpunkt für eine interessante Mischung an Gästen.

Das geschmackvolle Ambiente und der aufmerksame Service unter Leitung des deutschen Ehepaares Nilkes haben das Restaurant in kürzester Zeit zum Schauplatz von Film-und Fotoaufnahmen verschiedener Produktionen gemacht. Die durchgehend geöffnete Küche bietet eine Vielfalt von internationalen Gerichten und eine sehr gute Auswahl an Insel- und Bioweinen. Das Kultgetränk, grüner Cava mit geeister Kiwi, ist der perfekte Auftakt für ein entspanntes Lunch zwischen den Einkäufen oder zum individuellen Candle Light Dinner, das nach Absprache für zwei Personen

▶ **An den Sonnabenden, den Markttagen in Santanyí, kann man hier eine besonders illustre Mischung an Gästen treffen, die zwischen ihren Blumen und Markteinkäufen eine Pause im Patio genießen.**

auf der romantischen Dachterrasse »Sunset Strip« bestellt werden kann. Freitags und samstags gibt es hier auch ein liebevoll inszeniertes Barbecue auf Vorbestellung.

Von hier hat man einen traumhaften Blick über die Altstadt, zur historischen Kirche von Santanyí, bis hin zum Meer. Zum besonderen Flair des Platzes trägt auch die Galerie für Wohnaccessoires »Decoratión Goli STYLE« im ersten Stock bei. Hier findet man Einzelstücke und Dekorationen aus aller Welt und Produkte der Beauty-Serie *Prinzessin zu Stolberg* für das Ferien-Pflegeprogramm.

Ein besonderer Tipp ist die Tea-Time, die hier mit zwölf verschiedenen Teesorten der englischen Kultmarke Mr. Jones zelebriert wird. Die Tees haben so klingende und vielversprechende Namen wie Natural High, Monkeys Wedding, Smoking Joe und Stunning Sofia – eben echt britisch auf Mallorca.

Restaurant Goli · Carrer Portell, 14 · 07650 Santanyí · Tel. +34 971/64 22 48
www.goli-santanyi.com

Delfin-Watching beim Lunch

An der pittoresken Steilküste von Cala Figuera findet man den Strandclub »PURA VIDA«. Er besticht durch den großen Poolbereich, der übergangslos in das hier endlos wirkende weite Meer überzugehen scheint. Es gibt eine treue Gemeinde von Stammgästen und man kann vom Pool aus, mit ein wenig Glück, Delfine beobachten.

Daraus wird hier aber keine große Sache gemacht. Die Delfine gehören einfach zum alltäglichen Strandleben dazu, wie die Sonne, die Wellen, der Sand und ein kühles Getränk mit Freunden. Und so ist auch die Atmosphäre ein bisschen wie in einem Club, in dem man gerne Mitglied wäre – und das ist hier ganz einfach. Frühstück, Lunch oder stimmungsvolles Dinner: Man kann einfach hingehen und den *happy-go-lucky-Lifestyle* vor Ort teilen.

Ein Geheimtipp unter Einheimischen und den hauptsächlich deutschen Gästen, hat dieser Hotspot unter deutscher Führung durchgehend geöffnet. Das Publikum ist so abwechslungsreich wie die Karte und man trifft auf eine bunte Mischung aus Anwohnern und deren Freunde, eine Reihe von lässigen Harley-Davidson-Fahrern mit ihren Freundinnen und Familien mit ihren Kindern.

Das »PURA VIDA« liegt oberhalb der Steilküste Cala Figueras direkt an den Klippen, und man gelangt am besten durch den kleinen Fischerort von Cala Figuera hindurch, vorbei am Hotelbau »Cap Blau«, dorthin.

Variationen von Edelfischen mit Riesengarnelen, frischem Gemüse und Rosmarinkartoffeln, Jakobsmuscheln und Dorade sind nur einiges, was hier nach Ferien und Meer schmeckt, und dazu gibt es einen leichten Inselwein. In der Pool Lounge, an der gut sortierten Cocktailbar, im Bistro oder im Restaurant kann man dann mit einem Drink in der Hand oder beim ausgezeichneten Barbecue auf den verschiedenen Ebenen des Clubs den ebenso gutgelaunten Delfinen bei ihren Sundowner-Spielen zusehen. Hier macht jeder, was er will und die Sonne lacht dazu: ein mediterranes »born to be wild«.

PURA VIDA · Calle Tomarinar, 25 · 07659 Cala Figuera · Tel. +34 971/16 55 71
www.pura-vida-mallorca.com

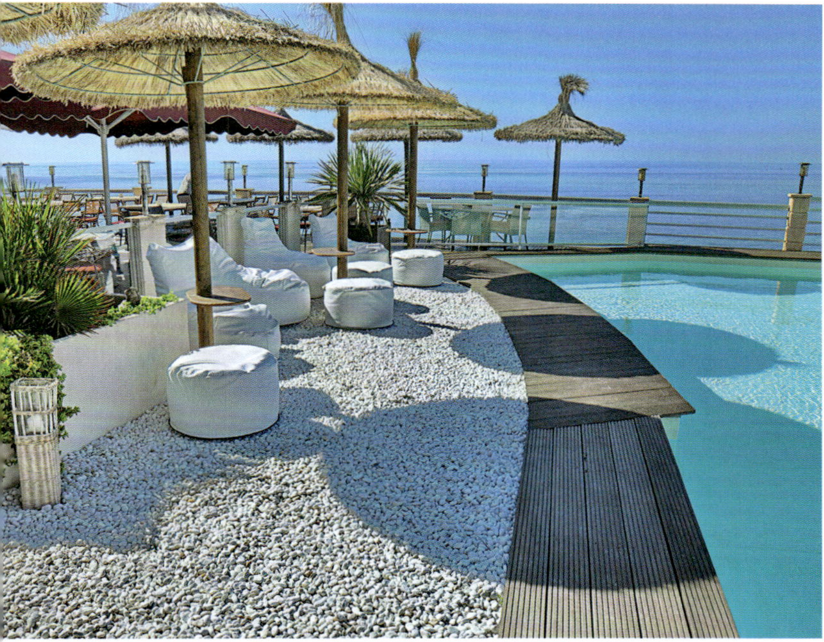

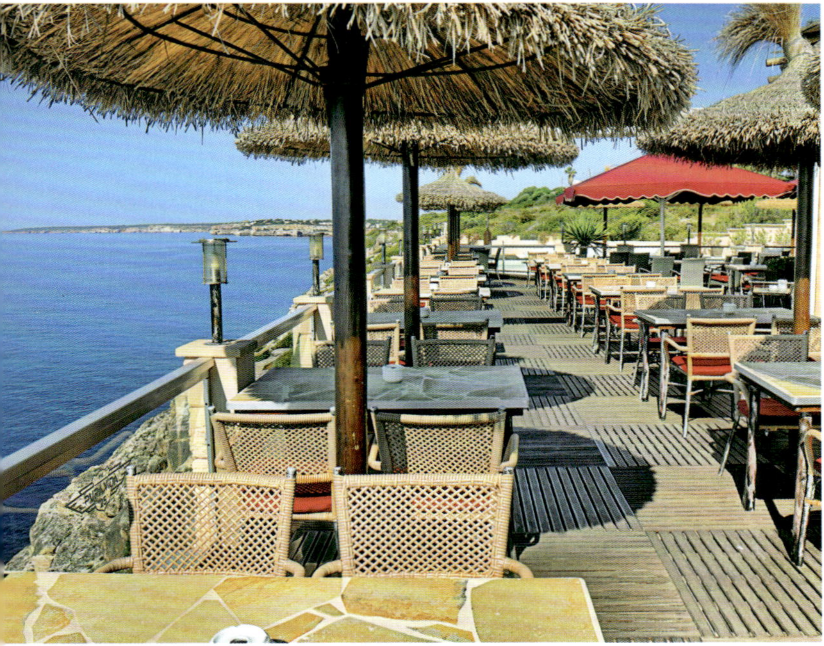

81

Raritätenkabinett in Campos

Im »Tesoro« reicht das Angebot von einem imposanten, präpariertem Krokodil – über das Inhaber Joachim Goertz eine genauso spannende Geschichte erzählen kann, wie über die meisten seiner weltweit zusammengetragenen Fundstücke – bis hin zu einer Nachttischuhr aus den 1950er-Jahren.

Das Geschäft in der Hauptdorfstraße von Campos, schräg gegenüber eine der besten Mandelkuchen-Bäckereien der Insel, ist ein Laden wie aus einer Seitenstraße in Paris. Und so ist der ehemalige Uhrenhändler und -sammler dann auch fast immer irgendwo auf den Antik- und Flohmärkten dieser Welt unterwegs. In Frankreich, England und Italien wird keine Tür ungeöffnet, kein Schrank unerforscht und keine Truhe unergründet zurückgelassen, um mit immer neuen Schätzen und Geschichten nach Mallorca zurückzukehren.

Es gibt eine fantastische Auswahl von sehr gut erhaltenem alten Louis-Vuitton-Reisegepäck und -Accessoires und sogar internationale Sammler fragen hier nach seltenen Stücken an. Man findet elegante Panamahüte, eine zur Lampe umfunktionierte venezianische Glasvase, wunderbares antikes Tischsilber, das ganze gedeckte Tafeln im Laden schmückt und Schmuck auf Schaufensterpuppen und in Vitrinen. Alte Folianten liegen neben Büchern wie *Mecki bei den Indianern* und lassen Sammlerherzen höher schlagen, und die immer beachtliche Auswahl sehr begehrter alter Uhren lässt die Kunden von weither anreisen. Wen die Uhrenleidenschaft einmal gepackt hat, den lässt sie einfach nicht wieder los. Man könnte hier eine ganze Reihe historischer Filme authentisch ausstatten und sich selber gleich noch mit dazu.

Es gab da auch einmal eine ganze Vitrine mit Siegespokalen, Vasen und Ehrennadeln des Vize-Weltmeisters im Dreiband-Billard in den 1950er-Jahren, August Tiedke, den kaum noch einer kannte, außer der Kunde, der eines Tages alles zusammen für seinen 80-jährigen Billiardtrainer aufkaufte. Das erstaunte dann sogar Joachim Goertz. Und dann war da noch die Geschichte mit dem verloren gegangenen Schwanz des Krokodils...

Tesoro · Plaça, 7 · 07630 Campos · Tel. +34 971/65 24 23
www.tesoro-campos.com

Hausbesuch bei einer Künstlerin

In einem der ältesten Wohnhäuser in Campos »Can Oliver« kann man einmal die Woche das private Refugium der Künstlerin Miquela Vidal besuchen. Inmitten der 600 Jahre alten Architektur ihres Hauses zeigt die über 60-jährige Hausherrin den staunenden Besuchern dann ihre Kunst und all ihre schönen Dinge.

Den Eingang erkennt man gleich an einer großen Quartz-Skulptur, die als Türwächter fungiert. Die besondere Hausführung geht über drei Etagen, mehrere hundert Quadratmeter, zwei Patios und ein Hinterhaus. Während dieser darf man in alle Ecken schauen und gelangt bis hinauf zum Dach, wo sich Atelier und Werkstatt der Künstlerin befinden und sie ihre Bilder und großformatigen Skulpturen erschafft. Zutritt in das Künstler-Universum gewährt sie auf Voranmeldung, Werbung macht sie keine. Es kommen Freunde und Freunde von Besuchern, die es weitererzählt haben.

2002 haben Miquela Vidal und ihr Mann das Haus gekauft und über zwei Jahre restauriert. Dabei wurden die alten historischen Bauelemente weitestgehend erhalten: ein alter Brunnen, antike Fliesen, ein alter Steinofen und antike Deckenmalereien. Überall dringt die Geschichte des alten Gemäuers durch, die Räume sind mit dem Mobiliar der vergangenen Jahrhunderte eingerichtet. Viele der Fundstücke des geschichtsträchtigen Hauses hat sie in ihren fantasievollen Arbeiten verwendet. Ihre vielfach

▶ **Zwei sechs Meter hohe Bronzeskulpturen von Miquela Vidal kann man am Ortseingangskreisel von Llucmajor sehen.**

ausgezeichneten Werke sind in Galerien und Museen in Europa und Mittelamerika ausgestellt, und sie selber beschreibt sie als eine Mischung aus figurativer und abstrakter Kunst.

So wandert man in dieser Dauerausstellung durch ein Nebeneinander von fast musealer Atmosphäre und Gegenwartskunst. Überall stehen die Skulpturen und hängen die Werke zwischen den Alltagsgegenständen längst vergangener Hausbewohner. Alle sind sie mit kleinen Nummern versehen, denn wie in den meisten Galerien, sind die Werke auch hier käuflich.

Miquela Vidal · Sa 10–14 Uhr · Carrer del Pare Alzina, 7 · 07630 Campos
Tel. +34 971/65 20 10 · www.miquelavidal.com

83 Maria's Deli in Cas Concos

Der kleine Laden »Comestibles Can Mel« im angesagten kleinen Dorf Cas Concos im Südosten der Insel ist der zentrale Dreh- und Angelpunkt der Umgebung. Von handgemachten Espandrillos über Landhühner und beste Inselweine gibt es alles, was das Herz begehrt, und noch ein bisschen mehr.

Von der zentralen Dorfhauptstraße abgehend liegt gegenüber der Kirche in einer kleinen Seitenstraße der kleine Laden, der alles hat. Ohne erkennbares Ladenschild, aber schon von Weitem an dem bunten Warenangebot, das sich vor dem Laden stapelt, unübersehbar, sieht man ihn schon von der Hauptstraße aus. In den beiden Schaufenstern liegen Strohhüte einträchtig neben Tonwaren, Kindermalfarben und Geschenkartikeln. Im Ladeninneren herrscht immer ein reges Treiben und die Hausbesitzer des nahegelegenen »Hamburger Hügels« und der Umgebung tauschen mit Einheimischen die letzten Neuigkeiten aus.

Der Laden, in dritter Generation unter der Führung von Inhaberin Maria, die inzwischen zwischen 92 und 103 Jahre alt sein muss, bietet ein fabelhaftes Angebot inseltypischer Delikatessen und einen der besten Serrano-Schinken Mallorcas – auf Wunsch wird er von Maria oder ihrer Tochter auch ganz dünn geschnitten. Das in der Vitrine appetitlich präsentierte Huhn ist garantiert vom Hof nebenan.

Aus dem hinter dem Verkaufsraum liegenden, durch einen traditionellen spanischen Kettenvorhang abgetrennten Wohnlagerraum taucht bisweilen auch »Herr Maria« im Geschehen auf, mischt sich jedoch selten in den Verkauf ein. Viele der alteingesessenen Anwohner lassen sich sogar ihre Post zu Maria bringen. Im hinteren Teil des weitläufigen Ladens geht es noch weiter in die Papierwaren-Haushaltsartikel-Abteilung mit allem, was man sonst noch so braucht. So verlässt man den Laden eigentlich nie, ohne mindestens die Hälfte der Einkäufe vorher nicht eingeplant zu haben und Marias fleißige Kinder haben mittlerweile alle große Häuser in der Umgebung, wie es heißt.

Comestibles Can Mel (Maria's Deli) · Carrer Major 3 · 07208 Cas Concos

84 Am südlichsten Punkt Mallorcas

Das Cap de Ses Salines ist ein wunderschönes Stückchen Erde am südlichsten Punkt der Insel. Dort gibt es einen Leuchtturm, Seevögel und bunte Schmetterlinge. Sonst nichts. Keine Buden, keine Restaurants, keine Geschäfte, aber türkisblaues Wasser, in dem man häufig Meeresschildkröten sehen kann.

Auf der Straße zwischen Santanyí und Ses Salines biegt man in Richtung Llombards ab und folgt der Beschilderung zum Aussichtsturm Far des Cap de Ses Salines. Von hier aus geht es etwa zehn Kilometer durch eine gleichförmige Landschaft, bis man den südlichsten Punkt der Inselschatzkarte erreicht hat. Es ist ein Stück gelobtes Land für Naturliebhaber und Menschen, die keinen anderen Menschen brauchen. Und wenn man in der flimmernden Sommerhitze lange genug auf das offene Meer schaut, glaubt man, die Piraten kommen zu sehen.

Auf dem Weg dorthin sollte man kurz noch einen Blick auf die Salinen werfen, die schon zu römischen Zeiten der Salzgewinnung dienten. Hier wird auf über 100 Hektar durch die Meerwasserverdunstung Salz gewonnen, und das vom weißen Salz der Salinen reflektierte gleißende Sonnenlicht ist immer wieder beeindruckend. Am Kap angekommen kann man lange Wanderungen am felsigen Ufer machen, den herrlichen Blick zum gefühlten Ende der Welt, zur Inselgruppe Cabrera, genießen und es gibt in Richtung Colonia Sant Jordi drei sehr schöne Badestrände: die Platja des Caragol, die Platja de Ses Roquetes und die Platja es Carbó.

Am Cap de Ses Salines selbst kann man nicht baden, dafür ist der absolut einsame Strand Platja des Caragol – einer der schönsten der Insel und des Mittelmeers – ganz in der Nähe. Er ist nicht mit dem Auto, sondern nur vom Kap aus in einem etwa 30-minütigen Fußmarsch zu erreichen, und man hätte hier *Fluch der Karibik* drehen können. Im Sommer gibt es am Kap sogar manchmal einen fliegenden Händler, der gekühlte Getränke, Eis und Sandwiches verkauft und sicherlich selten irgendwo auf der Welt mit mehr Freude begrüßt wird.

Cap de Ses Salines · Santanyí

Casa Manolo – ein Familienbetrieb

85

Der mallorquinische typisch-rustikale Familienbetrieb in dritter Generation ist für seine Fischspezialitäten bekannt und für seine fototapezierten Wände. Der Fisch auf dem Teller wurde morgens noch in Cabrera gegenüber geangelt und der spanische Thronfolger sitzt mit seiner hübschen Frau Letizia in Ferienkleidung am Nebentisch.

Man isst während der vielen Ferienwochen des Jahres öfter bei »Manolo«, so wie der spanische Thronfolger es häufig tut, auch wenn der Weg vom königlichen Palast Mar y Vent in Palma ein bisschen weiter entfernt ist. »Casa Manolo« ist die erste Adresse am Kirchplatz des kleinen Küstenortes Ses Salines und sieht immer noch aus wie ein kleines einfaches Dorfrestaurant – wenn die Fotos nicht wären. Die Wände sind vollgehängt mit Fotografien internationaler Stars und Inselgrößen und jeder Menge MotoGP-Bildern, der großen Leidenschaft des Sohnes Juan.

Das Lokal hat Vater Manuel Barahona, von allen nur »Manolo« genannt, von seinen Eltern übernommen. Diese führten hier ursprünglich eine Bodega. Nun führt er das Geschäft und die Tradition weiter, zusammen mit seiner Frau und seinen Kindern. Sohn Juan macht dann seinem Namen auch alle Ehre, wenn er zwischendurch immer mal wieder von oben aus der Küche in den Laden nach den weiblichen Gästen Ausschau hält.

Über zwei Etagen wird an engen Tischen das frischeste und beste serviert, was das Meer zu bieten hat: *Calamares en su tinta* (Tintenfisch in Tintensauce) ist eine besondere Spezialität, die *Caldereta de bogavante* (Hummersuppe) ist fantastisch und der *Pescado a la sal* (Fisch in Salzkruste) ein Gedicht des Meeres.

Unter der Decke hängen die Serrano-Schinken, und an all den Hunderten von Bindfäden, die noch von den alten Holzbalken baumeln, hat auch mal ein Schinken gehangen. Draußen sitzt man landestypisch an der Straße unterhalb der historischen Sandsteinkirche, und wenn man nicht gleich einen Tisch bekommt, sitzt man in der Wartezeit mit einem Glas Wein auf den Kirchenstufen in der Sonne.

Casa Manolo · Feb.–Okt. Di–So 11–16 und 19.30–22 Uhr · Plaza San Bartolomé, 2 · 07640 Ses Salines · Tel. +34 971/64 91 30 · www.bodegabarahona.com

1 Spaghetti
2 Fruta
3 Banana Split
4 Chocolate
5 Bambino
6 Sorbet con Prosecco
7 Selva Negra

86

Auf ein Eis
ins Cardinelli

Das Eiscafé »Cardinelli« ist eine Eisdiele mit wunderschönem Meerblick. Das köstliche, liebevoll hausgemachte Eis gibt es an der kleinen Küstenstraße zwischen S'Estanyol und Sa Ràpita. Das pink-weißgestreifte Schild ist schon von weitem zu sehen und der gegenüberliegende Parkplatz immer voll mit eissüchtigen Kunden.

Die abgestellten Rennräder vor der Tür zeugen von Radprofis, die ihrem Trainingsprogramm untreu geworden sind und die glücklichen Gesichter der Terrassengäste lassen immer neue Eis-Opfer in den Laden strömen. Einige sollen am Tag schon mehr als dreimal in der Schlange vor dem Tresen gesehen worden sein.

Wenn die Hamburger Eigentümerin Frau Cardinahl und ihre Tochter nicht selbst an der Eisausgabe mithelfen, wird dies von immer strahlenden jungen Mädchen übernommen, die Krokantsplitter, bunte Traubenzuckerherzen und Schokostreusel über die handgemachten Waffeln mit Eissorten wie Pistazie, Dulce de leche, Ziegenkäse-Yoghurt oder Banana Caramello streuen. Eis macht eben glücklich. Es gibt auch Kleinigkeiten wie Bocadillos, Sandwiches, einige warme Gerichte und hausgebackenen Kuchen.

Die Kunden kommen von weit her, um das Eis zu essen und die Sonnenterrasse ist immer voll mit lächelnden Gästen, die über ihre Schwarzwälder-Kirsch-Eisbecher verträumt auf das Meer und hinüber zum wunderschönen Es-Trenc-Strand oder zur gegenüberliegenden Insel Cabrera schauen. Zum Abschied gehen sie noch einmal hinein, bestellen einen Bananen-Split oder Nussbecher zum Mitnehmen und schweben beseelt zu ihrem gegenüber geparkten Wagen, in der anderen Hand noch eine Waffel mit drei Kugeln Malaga Bounty, Pralinè Amarena oder Banana Cherry.

Die andere Tochter der Familie ist übrigens Jessika Cardinahl, die als Schauspielerin in den 1980er-Jahren in Otto-Filmen bekannt wurde und mit dem »Denver Clan« Schauspieler Al Corley verheiratet war. Heute lebt sie als erfolgreiche Malerin an der amerikanischen Westküste und kommt selbstverständlich auch regelmäßig zum Eisessen vorbei.

Heladeria Cardinelli · Avenida Miramar, 87 · 07639 Sa Ràpita · Tel. +34 971/64 01 32
www.cardinellimallorca.com

87 Wilde Klippen und ein Wunschbaum

*Die alten Fischerhütten von S'Estalella und die anschließende Steil-
küste kennen nur wenige. Man muss schon in S'Estanyol wohnen oder
Freunde haben, um in das versteckte Küstengebiet zu finden. Es ist
eine schroffe und nach Piraten riechende Küstenstrecke und es war
früher eine der aktivsten Schmugglerecken Mallorcas.*

Auch zur Hochsaison kann man Stunden gehen ohne jemanden zu be-
gegnen. Um zum ehemaligen kleinen Fischerort S'Estalella zu kommen, der
nur noch aus einem Leuchtturm und einigen Fischer- oder Schmugglerhüt-
ten besteht, muss man zum kleinen Ortsstrand Racó de S'Arena neben dem
Jachthafen von S'Estanyol. Ein paar hundert Meter westlich des Jachthafens
Club náutico S'Estanyol beginnt der Racó de S'Arena. Hier kann man auch
sein Auto abstellen. Dem kleinen felsigen Strand folgt man immer am Wasser entlang. Wenn man weiter an der Küste entlang läuft, kommt man an
Maschinengewehr-Stellungen aus dem Spanischen Bürgerkrieg und wild-
romantischen kleinen Bootshütten vorbei. Man folgt am besten den Schildern »Faro« (Leuchtturm), die die Anwohner hier gepinselt haben, in der
Hoffnung, dass man nicht über ihre Terrasse läuft. Es ist aber auch der kürzeste Weg zum schwarz-weißen, sich unverdrossen dem Meer entgegen-
stellenden Leuchtturm Punta Plana. Vorbei an einigen weiteren Hütten, die
von einer »Hippie-Schatzinsel« stammen könnten, kann man jetzt so weit
man möchte dem Küstenpfad am Meer entlang folgen.

Hier stehen auch »Wunschbäume«, die Einheimische und Besucher
hier aufgestellt haben, kleine Totempfähle, an die jeder etwas ranhängt.
Das bringt auf jeden Fall Glück. Bei rauem Wellengang ist die Natur hier
besonders überwältigend. Es ist eine der schönsten und vor allem ein-
samsten Küstenwanderungen der Insel. Direkt gegenüber von Mallorcas
schönstem, fast Karibikstrand gleichem Strand Es Trenc, liegt diese versteckte Ecke und nach ausgiebiger Wanderung kann man sich im zwei
Autominuten entfernten Sa Ràpita zur Erfrischung in die Südseefluten
stürzen und vom legendären Piraten Long John Silver träumen.

S'Estalella · bei 07639 S'Estanyol (Sa Ràpita)

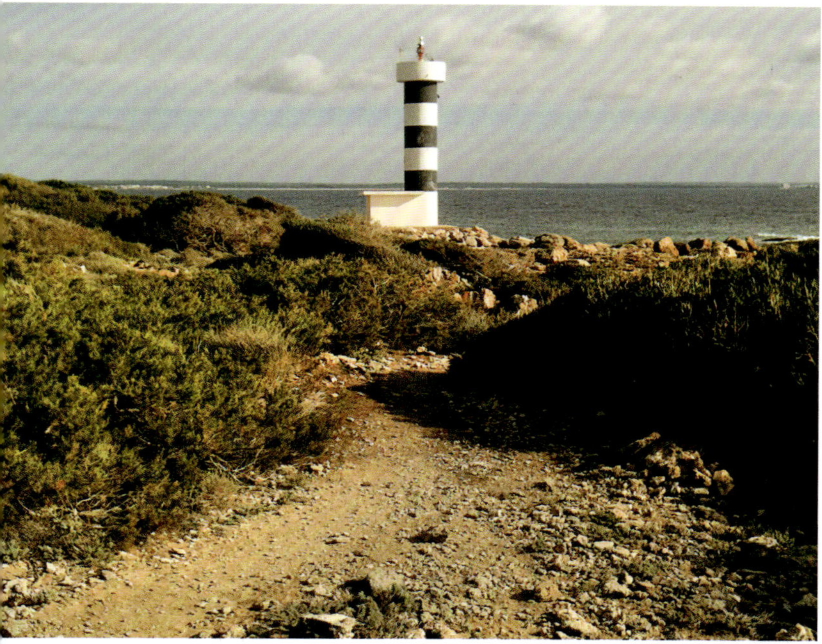

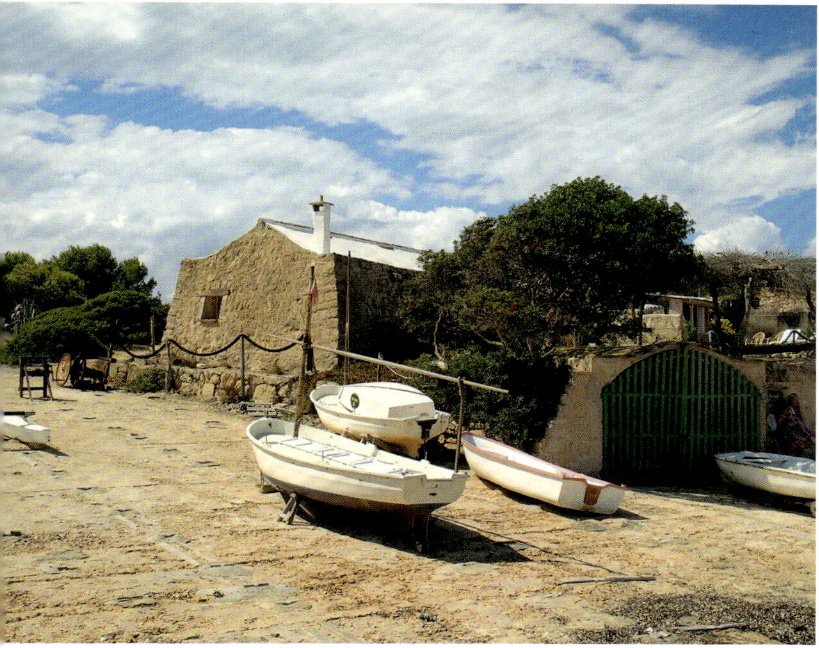

Perfekte Ausblicke von der Hafenbar

Die Insel Cabrera im Süden von Mallorca ist ein Nationalpark und nur mit vorheriger Genehmigung zu besuchen. Die Insel ist außer von 30 Ranchern, Naturschützern und Feuerwehrleuten der Nationalparkbehörde, drei Polizisten, der Familie um Joan und seinen Schafen, einer immer lustigen Krankenschwester und der Wirtin Cati nicht bewohnt.

Der Haupt- und auch einzige Treffpunkt der Inselbewohner und der wenigen Besucher ist seit ewigen Zeiten die klitzekleine, namenlose Bar von Cati im malerischen Naturhafen der Insel. Hier treffen sich die paar Bootsbesitzer, die in der Bucht unterhalb der Festung aus dem 14. Jahrhundert Anker geworfen haben, einige Fischer und die Handvoll Inselbewohner inmitten der unberührten Natur. Besuch kommt nur tagsüber, wenn gegen zehn Uhr das erste Ausflugsschiff aus Mallorca festmacht. Dann wird es auf der Insel etwas lebendiger.

Es gibt hier in der Bar und auch einzigen Einkaufsmöglichkeit des Eilands die Auswahl zwischen ein paar Bocadillos, Oliven und nicht viel mehr. Und nirgends schmeckt es besser, nirgends sitzt es sich bequemer als auf den seit Jahrzehnten unverändert gebliebenen einfachen Holzbänken vor dem Häuschen mit Blick auf den versteckten Naturhafen, die paar dümpelnden Boote, die Möwen und das Meer.

Vier Tische stehen unter der überdachten Veranda und dahinter liegt der kleine Schankraum. In den Vitrinen stehen die gleichen Auslagen – eine Tüte Chips, ein paar Fischernetze als Dekoration und eine kleine Flasche Cola – wie vor ungefähr zehn Jahren. Die auf dem Tresen liegenden Illustrierten sind etwa aus der gleichen Zeitperiode und ein Karton mit Brettspielen und losen Karten, der nur im Winter gefragt ist, macht nicht zwingend den Eindruck von Vollständigkeit.

Das Bier ist kühl, der kräftige Rotwein und das Schinken-Käse-Bocadillo sind köstlich, und die Oliven haben auch nie besser geschmeckt, würde jeder der Gäste schwören. So ist das eben einfach hier in der »Bar ohne Namen«, der Bar von Cati.

Cabrera · Anfahrt z. B. von Colònia de Sant Jordi (www.marcabrera.com) oder mit eigenem Boot und Genehmigung: Plaça d'Espanya, 8. Tel. +34 971 72 50 10

Schnorcheln auf Mallorca

Unweit von Palma an der Südküste zwischen Cala Blava und Porto Pi liegt ein idealer Platz für einen fischreichen Schnorchelausflug zwischendurch. In der klaren und fischreichen Naturbucht, die hauptsächlich aus vulkanischem Felsen besteht, findet man eine artenreiche Unterwasserwelt und freundliche Meeresbewohner.

Es gibt eine solche Vielzahl an wunderschönen Stränden auf Mallorca. Weißen Sand und klares Wasser findet man überall entlang der Nord-, Süd-, und Ostküste der Insel und viele Beach Resorts haben geschützte Buchten. Das Wasser dort ist perfekt zum Schwimmen und Abkühlen nach einem Sonnenbad, aber durch die karge Vegetation herrscht auch ein Mangel an Meeresbewohnern, die das Schnorcheln erst zum Erlebnis machen.

Das heißt, all diese Paradiese für Sonnenbegeisterte sind ein wenig langweilig für den enthusiastischen Schnorchler. Aber glücklicherweise muss man nicht weit weg von Palma aus fahren, um Buchten zu finden, die tiefer sind und es im Wasser von Fischen fast nur so wimmelt. Wenn man am Urlaubsresort von S'Arenal vorbeifährt, erreicht man eine Küstenlinie, die von Cala Blava bis nach Cala Pi reicht. Hier ist es nicht nur ruhiger, sondern auch perfekt zum Schnorcheln oder für völlig ungestörte Schwimmrunden. Die steil abfallende Küste ist hier aus scharfkantigem Vulkangestein, das heißt für den Weg ins Wasser braucht man ein paar Schuhe. Es gibt aber zwischendurch auch ein paar Stellen, die flacher sind und auf denen man sich in aller Ruhe in der Sonne trocknen und ausruhen kann, wenn man aus dem Wasser kommt. Keine Menschenseele weit und breit.

Einer der schönsten Stellen zum Schnorcheln liegt etwa zwei Kilometer weiter entlang der Küste bei Cala Blava unterhalb der Hotels und Apartments. Hier gibt es eine kleine Bucht, in der das Ufer gleich zirka zwei Meter ins Meer abfällt, mit glasklarem Wasser und einer sehr belebten Unterwasserwelt. Die Fische lassen den schnorchelnden Besucher dicht an sich herankommen und scheinen genauso an der fremden Lebensform interessiert zu sein, wie umgekehrt.

Küsten zum Schnorcheln · Küsten entlang 07609 Cala Blava und 07639 Cala Pi

El Niño Surf Center – Stand-Up-Paddling

»Surf is up«: zumindest Stand-Up-Paddling, kurz SUP genannt, die neue Trendsportart aus Hawaii, die erst den Globus und jetzt auch Mallorca erobert hat. Das »El Niño Surf Center« bietet Unterricht im kultigen Stand-Up-Paddling, organisiert Wassertouren für Gruppen oder verleiht die Ausrüstung für bereits standfeste Paddler.

Der entspannte Wassersport, der gleichzeitig ein ausgezeichnetes Ganzkörpertraining ist, wird nicht nur auf der Insel immer beliebter. Die weitläufigen Strände im Südwesten der Insel bieten ein ideales Revier für Anfänger und Fortgeschrittene.

Die Mischung aus Surfing und Kayaking ist ein fabelhaftes Workout und eine trendige neue Art des Wassersports. Daher ist die Fangemeinde der weiblichen und männlichen Anhänger auch recht gleichmäßig verteilt. Es erlernt sich vergleichsweise leicht und auch Anfänger haben schnell Erfolgserlebnisse.

Das beliebte »El Niño Surf Center« ist der Treffpunkt der Inselszene und die einzige anerkannte Schule der Insel zugleich. Das Team aus surf- und sportbegeisterten Trainern aller Nationalitäten ist die Seele der Schule und immer wieder sind Trainer aus allen Surfparadiesen der Erde zu Besuch und reihen sich in das Trainingsprogramm ein. Nach dem Trockenunterricht am Strand kann es dann auch gleich schon losgehen und nach kurzer Zeit versteht man auch, was genau den Suchtfaktor dieses neuen Wassersports ausmacht.

Es ist einfach faszinierend, stehend auf dem Wasser dahinzugleiten und aus ungewohnter Höhe die Küste und Strände an sich vorbeigleiten zu sehen. Der Muskelkater am nächsten Tag gibt dem Anfänger dann auch das Gefühl, sich wirklich sportlich betätigt zu haben.

Es gibt Einzel- und Gruppenunterricht, SUP-Wassersport und tolle Ausflüge in die benachbarten Höhlen und einsamen, unzugänglichen Buchten. Besonders beliebt sind tatsächlich auch Yogakurse auf den wackligen Brettern. Der Ton und die Stimmung sind *laid-back* und der Strand gibt das Tempo vor: wellenförmig und relaxed.

El Niño Surf Center · Mo–Sa 10–20-Uhr und So 10–14 Uhr · Playa de Palma, Ausfahrt N° 8 , Carrer Vaixell, unterhalb des Hotels El Cid · Tel. +34 971/49 08 11 · www.paddlesurfmallorca.com

91 Karting – Mallorcas Rennarena

Die Mini-Formel-1 für alle kleinen und großen Jungs, die sich am Strand langweilen. Die Rennarena bei Llucmajor bietet Racing-Feeling an der Autobahn. Die professionell geführte Anlage bietet mit ihrer Lage nahe Palma und einer herrlichen Aussicht das passende Ambiente für Rennveranstaltungen aller Art.

Die von einem deutschen Bauunternehmer angelegte Strecke ist für Motorrad-, Automobil- und Kartingsport geeignet und bietet eine dauerhafte Zuschauertribüne für bis zu 1500 Zuschauer für das kleine Rennen zwischendurch. Sogar beim Kartrennen bekommt man hier Formel-1-Feeling.

Zwei Rennstrecken sorgen für genügend Bewegungsfreiheit. Die Kartstrecke geht über insgesamt rund 1200 Meter, ist etwa fünf Meter breit und kann mit der Rennstrecke verbunden werden. Es stehen unterschiedlich schnelle Karts bereit und es gibt Typen für alle Altersklassen. Die Topmodelle unter den Karts bieten Höchstgeschwindigkeiten von bis zu 100 Stundenkilometern. Die Rennstrecke für Autos und Motorräder

▶ **Auf einer Kreisbahn können mit einer Sprinkleranlage nasse Wetterkonditionen simuliert werden.**

ist 3200 Meter lang und ermöglicht durch verschiedene Verbindungskurven alternative Strecken, auf denen man sich mit dem Auto oder Motorrad ein Privatrennen mit Freunden liefern kann.

Die Anlage verfügt über ein elektronisches Ampelsystem am Start und über gesicherte Kurven. Man kann sogar an Nachtrennen teilnehmen. Hier suchen Einheimische und Besucher gleichermaßen den Nervenkitzel beim Geschwindigkeitsrausch. Wer noch nicht zu den Rennprofis zählt, der kann hier in der Rennschule Fahrunterricht von echten Profis bekommen oder einen Kurs für Rennfahrer, für Fahranfänger oder sogar für ein Fahrsicherkeitstraining buchen.

Ein Restaurant und eine Bar bieten Gelegenheit für einen Boxenstopp nach einem neuen Streckenrekord und runden den Renntag ab.

Circuit Mallorca Rennarena S.L. · Carretera Ma, 19, km 16, 800 · 07620 Llucmajor
Tel. +34 971/44 60 90 · www.mallorcarennarena.com

Cap Rocat Boutique-Hotel – Schnitt und Klappe!

Das neue Luxushotel »Cap Rocat« ist James-Bond-Style-Glamour in einer ehemaligen Festungsanlage des 19. Jahrhunderts. Das Luxushotel liegt auf einer privaten Halbinsel in der Bucht von Palma und man hat das Gefühl in einer anderen Zeit und auf einem Filmset zu sein. Eine Filmkulisse mit atemberaubender Architektur – Zugbrücke und Berberzelte inklusive.

Auf dem weitläufigem Gebiet wurden elegante Terrassenanlagen gestaltet, auf denen das Hauptgebäude und die verschieden Nebengebäude mit insgesamt nur 24 Zimmern verteilt liegen.

Die Ausstattung des Hotels ist superb, der Service diskret und perfekt. Die Liebe zum Detail ist in der Einrichtung, der Küche und im gesamten Konzept des Hauses zu erkennen. Luxus trifft hier auf Ökotourismus, denn es wurde großer Wert auf Nachhaltigkeit und Umweltverträglichkeit beim Bau und Betrieb der Hotelanlage gelegt. So wurde die Originalarchitektur erhalten, und das beeindruckende Restaurant bietet eine hervorragende Küche, in der weitestgehend heimische Zutaten verwendet werden.

Der Fisch wird morgens von den Fischern aus dem Dorf gefangen, das Gemüse ist saisonal. Und wenn das Frühstück in einem Korb auf der eigenen Zimmerterrasse serviert wird, fehlen nur noch die Kameras zum Einfangen dieser romantischen Szene mit Meeresbrise und wehenden Fensteraußenvorhängen.

Aber die Privatheit der Gäste ist hier selbstverständlich oberstes Gebot und über die gerade mit dem Limousinenservice angekommenen VIPs wird selbstverständlich kein Wort laut. Im Sommer kann man auch auf der unteren Meerterrasse direkt am Wasser essen. Es gibt eine wunderbare Strandbar mit Blick über die Bucht, auf Palma und das offene Meer. Für die »Drehpausen« stehen dann noch der Infinity Pool, der Health Club und der hoteleigene Strand zur Verfügung.

Cap Rocat · Carretera de Cap Enderrocat, s/n · 07609 Cala Blava · Tel. +34 971/74 78 78
www.caprocat.com

Glasbläserei nach alter Tradition

Die Glasbläserei »Gordiola« stellt in alter Tradition alles aus Glas her, was man sich nur denken kann. Neben den Geschäften in Palma gibt es auch noch die Fabrik, in der man den Glasbläsern wie vor hundert Jahren bei der Arbeit zusehen und eine größere Auswahl der handgearbeiteten Stücke auch direkt kaufen kann.

In der beeindruckenden Umgebung der mittelalterlich anmutenden Glasbläserei fühlt man sich dann auch gleich in eine andere Zeit versetzt, wenn man aus sicherer Entfernung in die glühende Wunderwerkstatt schaut, in der noch nach alter Tradition gearbeitet wird.

Die Erzeugnisse sind charakteristisch aus farbigem Glas gemacht, es gibt aber auch farbloses Glas und auf Anfrage können Anfertigungen nach Kundenwünschen gemacht werden. Die Designs sind grenzenlos. Es gibt wunderschöne Pokale, die auch in Camelot bei der Tafelrunde einen angemessenen Platz gefunden hätten, prachtvolle Kronleuchter, Wandlampen und Gläser in allen erdenklichen Farben und Formen.

Hier ist noch alles Handarbeit und uralte Tradition. Acht bis zehn Jahre dauert es, bis man das Handwerk der Glasbläserei soweit erlernt hat, dass man es zu einem Meister bringt. Das bedeutet einen langen, scherbigen Weg und wenig Nachwuchs, um die Nachfrage nach diesen gefragten Unikaten zu erfüllen. Es gibt hier bunte Tiere – die auch schon ein Geselle herstellen kann – Vasen, unzählige Schalen, Lüster und Kandelaber und mehrfarbige Lampen, für die es teilweise drei erfahrene Meister bedarf, um sie in aufwendigen Einzelschritten unter der ewigen Gluthitze fertigzustellen.

Es hat schon etwas Höllisches, den Glasbläsern bei ihrer Arbeit zuzusehen, und dann etwas Himmlisches ein paar Meter weiter in den weitläufigen Ladenflächen die leichten, filigranen Werke in all ihrer funkelnden und transparenten Pracht ausgestellt zu sehen. Antike Handwerkskunst gepaart mit Tradition und innovativem Design sind hier wieder einmal mehr eine Inselerfolgsgeschichte.

Vidrios de Arte Gordiola. S.L. · Carretera Palma-Manacor, km 19 · 07210 Algaida
Tel. +34 971/66 50 46 · www.gordiola.com

Ein Pilgerweg durch beeindruckende Orte

Der Puig de Randa erhebt sich 540 Meter über der Ebene in der Inselmitte. Der geschichtsträchtige Berg beherbergt drei Kapellen und der Weg hinauf zum Gipfel führt vorbei an den drei heiligen Zufluchtsstätten: Oratori de Nostra Senyora de Grácia, Santuari de Sant Honorat und Santuari de Cura.

Dieser Pilgerweg existiert, seit Ramon Llull 1275 die erste Einsiedelei Mallorcas gründete, nachdem er geistige Zuflucht nach einem traumatischen Liebesabenteuer gesucht hatte. Der damals 40-jährige Llull, getrieben von dem Laster der Versuchung, verfolgte damals eine verheiratete Frau zu Pferde durch die Straßen von Palma. Als es ihr schließlich unmöglich war, ihm zu entkommen, entblößte sie ihm ihren durch Krankheit wohl arg entstellten Oberkörper. Dieser Vorfall erschütterte den Verfolger derart, dass er sich alsdann in die völlige Isolation auf den Puig de Randa zurückzog, um nach seinen jugendlichen Exzessen von nun an ein Leben der Kontemplation und der geistigen Studien zu führen.

Heutzutage sind es zumeist Radfahrer auf der Suche nach einer Herausforderung, die eine »Pilgerreise« auf den Berg unternehmen. Die kurvenreiche Straße zum Gipfel führt vorbei an den drei einzelnen Einsiedeleien. Die unterste Oratori de Nostra Senyora de Grácia ist auf einen Felsvorsprung auf einen Felsen gepfercht, der 200 Meter in die Tiefe geht. Weiter oben kommt man zum Santuari de Sant Honorat und schließlich zum Santuari de Cura, wo Llull schließlich lebte. Die Geschichte und Romantik des Ortes wird ein wenig gemindert durch einen Radiomast auf der Bergspitze und die elektrischen Kerzen in der Kapelle, aber es ist immer noch ein Ort mit Magie.

Im Sala de Grámatica kann man Llulls Originalmanuskripte sehen und eine Flasche 1934 Chartreuse, der hier gekeltert wurde. Ein Blick von der Terrasse auf die weite Ebene, die Bucht von Palma und die Insel Cabrera in der Ferne und man wünschte, in einem der einfachen Pilgerzimmer, die man hier mieten kann, die Flasche Chartreuse auf den großen Llull und seine Liebesabenteuer trinken zu können.

Von Algaida nach Llucmajor · 5 km nördlich von Llucmajor · auf halber Strecke links nach Randa, von hier ausgeschildert nach Puig de Randa

95 Blick in den Sternenhimmel

Die strahlend weißen, futuristisch anmutenden Iglus der Sternwarte sind die Tore zu anderen Galaxien und unbekannten Planeten. Die ebenso utopisch anmutende Kuppelarchitektur ist die Heimat für die Teleskope von Costitx, und schon von außen hat man den Eindruck, auf einem anderen Planeten zu sein.

Es ist eine gigantische Anlage, nicht nur gemessen an der Größe Mallorcas. Eine 14 Meter hohe Metallkuppel, in der sich der technisch hoch entwickelte Planetariumsprojektor Zeiss Skymaster ZKP 3 befindet, überragt das Planetarium. Mit höchster Präzision können hiermit rund 6000 Sterne projiziert werden, was dem Blick in die Sterne unter freiem Himmel von irgendeinem Punkt der Erde entspricht. Das Planetarium ist das einzige in Europa, welches in Echtzeit Bilder von nahen und fernen Teleskopen projizieren kann. Die Besucher des Planetariums erhalten auch Einblicke in das angrenzende Observatorium, welches über einen imposanten Saal mit zehn transportablen Wanderteleskopen verfügt.

Abgesehen von der hauptsächlich wissenschaftlichen Arbeit, die hier betrieben wird – das Observatorium hat seit seinem Bestehen im Jahr 1991 einige neue Asteroiden entdeckt – möchte man die Astronomie auch Schülern, Studenten und anderen interessierten Erdenmenschen vertraut machen. Hierzu begrüßt die Sternenfans im Eingang eine lebensgroße E.T.-Puppe, die hinter einem Schreibtisch sitzt und somit beweist, dass auch diese Wissenschaftswelt durchaus Humor besitzt. Eine in Originalgröße nachgebaute, massiv wirkende Mondlandefähre der Apollo-11-Mission, die sich dem Besucher einige Meter vom Eingang entfernt präsentiert, trägt das Übrige zur unwirklichen Atmosphäre des Ortes bei.

Eine umfangreiche Meteoritensammlung macht anschaulich, was so alles seinen Weg aus dem All zu uns auf den Planeten gefunden hat, bevor eine beeindruckende 45-minütige Licht- und Soundshow die Zusammenhänge im Universum im Allgemeinen und die Entstehung der Welt im Besonderen verdeutlicht.

Mallorca Planetarium · Camí de l'Observatori, s/n · 07144 Costitx
Tel. +34 689/68 65 57 · www.mallorcaplanetarium.com

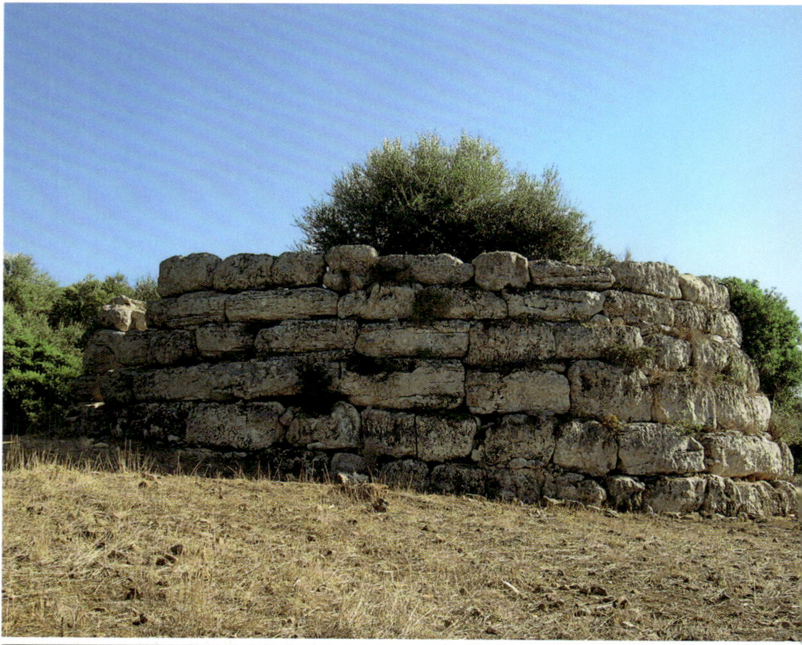

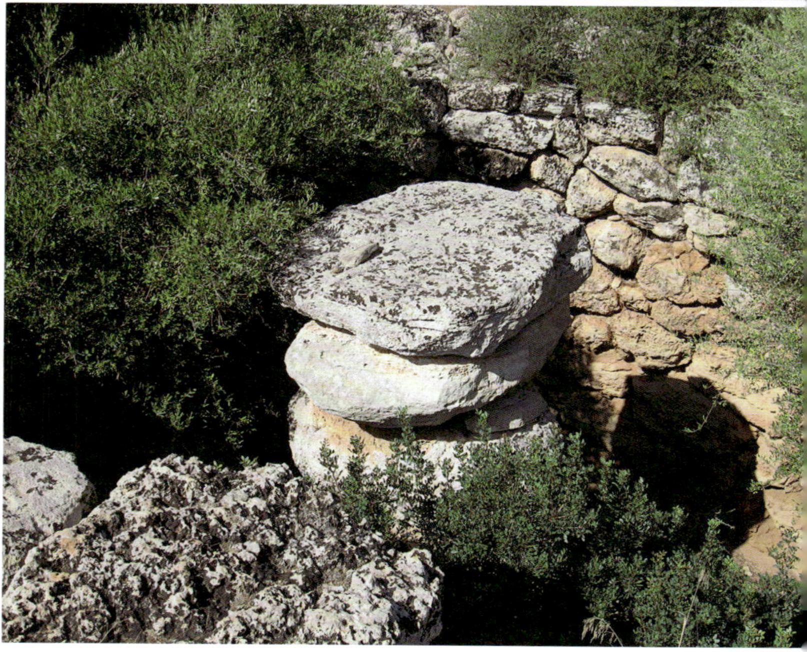

Relikte einer alten Zivilisation

Über 400 frühgeschichtliche Rundbauten stehen auf Mallorca als ein inselweites Freilichtmuseum: die Tayalots. Die turmartigen Bauten aus unbehauenen Steinen sind in der Zeit zwischen 1300 und 500 vor Christus entstanden und sind als Überreste an vielen Orten der Insel zu besichtigen.

Die Tayalots dienten als Wohnhäuser, für Versammlungen zur Viehhaltung, als Kultstätten und als Wachtürme. Daher kommt auch der aus dem Arabischen stammende Name *atalaji*. Das prähistorische Urvolk lebte in Gruppen von 100 bis 200 Menschen zusammen und war im Gegensatz zu ihren damaligen Verwandten auf dem Festland nicht gerade auf dem Höhepunkt seiner Entwicklungsstufe.

Die fensterlosen Steinbauten, die in Siedlungen zusammengefasst waren, wurden von Familienverbänden von bis zu zehn Personen bewohnt, und auf engstem Raum wurde gekocht, gegessen, geschlafen und gefeiert – denn zu feiern verstanden die Talayot-Bewohner; davon gehen Archäologen heute aus. In Keramikbechern fanden sie Reste von Meerträubel. Dessen Inhaltsstoff Ephedrin wird aufgrund seiner hallozinogenen Wirkung in Ecstasy-Pillen verwendet. Diese wurde ursprünglich bei Paartherapien eingesetzt, und die Auswirkungen lassen sich mit ausgeprägter Nächstenliebe wohl am besten beschreiben. Vielleicht erklärt auch dieser Umstand die durchwegs kriegslose Talayot-Periode und die Tatsache, dass sie sich ihre Haare rot, gelb und blau färbten. Das belegen zumindest archäologische Funde auf der Nachbarinsel Menorca, wo ebenfalls zahlreiche Überreste der Talayot-Kultur gefunden wurden.

▶ **Das Archäologische Museum Son Fornés in Montuïri, untergebracht in einer alten Mühle, bietet viele Fundstücke und einen virtuellen Rundgang durch einen Talayot, auch auf Deutsch. Geöffnet Mo–Fr März–Okt. 10–14 und 16–19 Uhr, Nov.–Feb. 10–14 Uhr. www.sonfornes.mallorca. museum**

Man könnte sie auch als die Urzeit-Hippies des Mittelmeeres bezeichnen. Die am besten erforschten Siedlungen und Fundstätten findet man in Son Fornés in Montuïri, Puig de sa Morisca in Calvià, Ses Païsses in Artà, S'Illot, Hospitalet in Manacor, Capocorb Vell nahe Llucmajor und Antigors in Ses Salines.

Eimer, Uhren und Preziosen

*Der Ort Consell ist jeden Sonntag Schauplatz für den größten Floh-
markt der Insel. Das Angebot reicht von Second-Hand-Kleidung,
Spielzeug und Möbeln bis zu Schmuck, Antiquitäten und einer großen Anzahl von Dingen, von denen nur der Käufer weiß, wozu er
sie gebrauchen kann.*

Der Markt auf dem Industriegebiet am Ortseingang wurde vor einigen
Jahren von einem Australier auf Mallorca ins Leben gerufen. Flohmärkte
waren bis dahin auf der Insel noch eher unbekannt. Heute hingegen kann
man zwischen 300 Ständen auf Beutezug gehen. Und wie überall gibt es
auch hier zwischen all dem wunderbaren Trödel und Anschauungsobjekten
auch immer wieder einmalige Trouvaillen zu entdecken.

Vor allem Antiquitäten zu günstigen Preisen sind hier zu finden. Unter
den professionellen Händlern ist auch Jose Louis Juan, der sich auf Vin-
tage-Möbel aus der Zeit zwischen den 1950er- und 1970er-Jahren speziali-
lisiert hat. Die Auswahl von gefragten Stücken ist beachtlich und die Preise
sind erstaunlich niedrig – ein beinah sicherer Tipp für einen Fund. Noch
günstiger kommt man natürlich bei einem privaten Anbieter nach einer
Hausauflösung an ein Unikat und man muss aufpassen, dass man am Ende
nicht aus reiner Freude an der Gelegenheit mit einigen Stücken zu viel da-
steht – der ewige Fluch des Sammlers.

Trotz der mittlerweile recht anschaulichen Größe der Veranstaltung, ist
es ein angenehmes Schlendern zwischen den Ständen, die in genügend
Abstand aufgebaut sind, und man hat somit ausreichend Platz, um alles in
Ruhe zu bestaunen und zu begutachten.

Für die Pause zwischen dem Verhandeln gibt es natürlich auch noch
Stände mit Essbarem und Kaltgetränken. Hier kann man einen exzessiven
Einkaufstag verbringen und sich Angebot und buntes Treiben anschauen.
Danach kann man den Ausflug auch noch mit einem Abstecher zum nahe-
gelegenen Markt von Santa Maria verbinden, zu einem wirklich ausge-
dehnten Shopping-Trip.

Flohmarkt in Consell · So 7–14 Uhr · 07330 Consell (Industriegebiet)
Tel. +34 971/62 20 95 (Stadtverwaltung von Consell)

Die Geburtsstätte des Gründers der kalifornischen Missionen von San Francisco und Los Angeles, Juniper Serra Fray, ist ein geschichtsträchtiger Ort. Der 1713 geborene Missionar gilt als Städtegründer von neun der bedeutendsten Städte Kaliforniens, unter anderem von San Francisco, San Diego, Santa Barbara und Los Angeles.

Daher finden auch viele amerikanische Urlauber den Weg hierher an diesen besonderen historischen Platz, auf der Suche nach dem europäischen Ursprung ihrer Heimatstädte. Das heutige Museum ist ein im klassischen mallorquinischen Stil erbautes Gebäude des Architekten Gabriel Alomar. Es wurde erweitert, um den Ausstellungsgegenständen, die dem Leben und der Arbeit des Missionars gewidmet sind, einen angemessenen Rahmen zu geben.

Im Eingang findet man einen wundervoll manikürten Garten mit hohen Palmen, Mandelbäumen und einer Glocke aus der Santa Barbara-Mission. Unter den schattigen Arkaden hängen einige Gedenktafeln.

Das Gebäude selbst enthält viele sehenswerte Schätze wie eine große Sammlung an Gemälden, Drucken, Medaillen, Skulpturen, Reliefs, Kupferstichen und Fotografien, die hauptsächlich von Privatpersonen gespendet wurden. Die Einrichtung widmet sich außerdem der Erhaltung des neben dem Museum gelegenen Casa Pairal, in dem der Apostel einen Teil seiner Kindheit verbrachte.

Seine Ausbildung erhielt Juniper Serra Fray im Franziskanerkloster San Bernardino, das 1607 in Petra gegründet wurde. Mit 36 Jahren verließ er schließlich seinen Geburtsort und machte sich auf den Weg nach Veracruz um dort seine Missionarsarbeit aufzunehmen. Der Geistliche verstarb 1784 auf kalifornischem Boden und wird noch heute als religiöse Persönlichkeit weit über die Grenzen seines kleinen mallorquinischen Geburtsortes hinaus geschätzt und verehrt.

▶ **Eine sehr schöne Statue des Juniper Serra steht vor der hübschen Kirche am Plaza San Francesco in Palmas Altstadt. Die dem heiligen Georg gewidmete Kirche ist mehr als sehenswert.**

Fray Junípero Serra Museum · Calle Barraca Alta, 15 · 07520 Petra · Tel. +34 971/56 11 49
www.juniperoserra2013.es

Das 700 Jahre alte Landgut

Das Landgut Els Calderers mit einem prachtvollen Herrenhaus, etwa drei Kilometer von Sant Joan entfernt, gibt einen Einblick in das Adelsleben zu früheren Zeiten. Um 1750 erbaut und bis Anfang des 19. Jahrhunderts mehrfach umgebaut ist es voller Sehenswürdigkeiten, Alltäglichem und Prunkvollem.

Zwanzig Räume sind zu besichtigen, inklusive eines Jagdzimmers voller Trophäen, eines Esszimmers, in dem für ein Bankett eingedeckt ist, und eines Musikzimmers. Auch eine Kapelle ist Teil dieser Anlage mit ihren weitläufigen Park- und Gartenanlagen. Die Stallungen sind ein weiterer Höhepunkt des Rundgangs und es gibt von Babyschweinen über Esel, Gänse, Enten und Truthähne alles, was zum Leben auf dem Land gehört.

▶ Am Ende des Besuchs gibt es fabelhaftes Bauernbrot, Sobrassada (Paprikawurst) und Trockenfrüchte zur Verkostung. In einem kleine Café kann man Kleinigkeiten zu Dorfpreisen bestellen. Der *coca d'ametlla* (Mandelkuchen) ist besonders zu empfehlen.

1285 wurde der Gutshof als Landsitz der Adelsfamilie Calderers erstmals urkundlich erwähnt. Das ehemalige Weingut musste Anfang des 19. Jahrhunderts wegen der inselweiten Reblausplage auf den Getreideanbau umstellen. Ein Teil der landwirtschaftlichen Produktion ist noch heute in Betrieb. Mitte des 20. Jahrhunderts erwarb Francisco Juan de Sentmenat das Anwesen. Der Kunstliebhaber sammelte die Einrichtungsstücke, die heute den Charme von Els Calderers ausmachen. Die Eignerfamilie bewohnt noch heute einige Privatzimmer im Haus. Man kann zudem verschiedene Werkstätten wie eine Schmiede mit historischen Werkzeugen, ein Backhaus und die Wäscherei, in der die Kleidung gewaschen und gefärbt wurde, sowie eine Scheune besichtigen. Im Keller befinden sich die gut erhaltene Weinpresse und Weinflaschen von 1810. Im Hofladen kann die Tour schließlich mit einem Einkauf von Hausspezialitäten abgeschlossen werden.

Wer mit dem Auto anreist, nimmt die Autobahn Palma–Manacor, fährt bei Kilometer 37 ab und folgt dann den Schildern.

Els Calderers de Sant Joan · April–Okt. tgl. 10–18 Uhr, Nov.–März 10–17 Uhr · 07250 Vilafranca de Bonany · Tel. +34 971/52 60 69 · www.elscalderers.com

Register